LES
MYSTÈRES
DE LONDRES

PAR

SIR FRANCIS TROLOPP.

I

PARIS,
AU COMPTOIR DES IMPRIMEURS-UNIS,
QUAI MALAQUAIS, 15.
—
1844

LES
MYSTÈRES
DE LONDRES.

Ce roman ne pourra être reproduit qu'avec l'autorisation de l'éditeur.

Paris. — Imprimerie de BOULÉ et Cⁱᵉ, rue Coq-Héron, 3.

LES
MYSTÈRES
DE
LONDRES

PAR

SIR FRANCIS TROLOPP.

I

PARIS,
AU COMPTOIR DES IMPRIMEURS-UNIS,
QUAI MALAQUAIS, 15.

1844

PREMIÈRE PARTIE.

LES GENTILSHOMMES DE LA NUIT.

I

PAR LE BROUILLARD.

Un soir de novembre, — un soir de dimanche, — le bon capitaine Paddy O'Chrane était attablé devant un gigantesque verre de grog dans le parloir de la taverne *The Crown's Arms.*

Comme il y a dans Londres un demi-cent de tavernes qui portent pour enseigne les *Armes de la Couronne,* nous ne croyons pas inutile de spécifier que l'établissement dont nous parlons ouvre ses quatre fenêtres, ornées de rideaux rouges, et sa porte qui surmonte un raide perron de cinq marches, dans Water-Street, au quartier de la Tour.

Quant au capitaine Paddy, c'était un Irlandais de six pieds de long sur six pouces de diamètre, vêtu d'un frac bleu à boutons noirs, d'une culotte chamois, bouclant sur des bas de filoselle, et chaussé de larges souliers non cirés.

De l'autre côté du parloir (*the parlour* (1) s'asseyait un homme d'une quarantaine d'années, à la physionomie honnête et calme. Il portait un costume décent, sans prétentions à l'élégance, mais éloignant toute idée de gêne.

Ses yeux, immobiles et dilatés, avaient le regard fixe des yeux qui ne voient plus. Il venait parfois à la taverne, où il était connu sous le nom de Tyrrel l'Aveugle.

Mistress Burnett, la souveraine de céans, dont le trône était naturellement dans le

---

(1) Une taverne peut avoir plus, mais non pas moins de trois pièces : *thé parlour* pour les gentlemen; *the bar*, le comptoir; et *the tap*, le cabaret, la salle commune où boivent les gens du peuple.

comptoir, venait à de rares intervalles dire un mot gracieux au capitaine Paddy, qui, très évidemment, était un habitué de la maison.

Une fille de taverne se tenait debout entre les deux portes.

Cette fille eût fait sa fortune à ne rien faire, au temps où les artistes étaient des princes et payaient leurs modèles au poids de l'or. Elle était admirablement belle. Autour de son front, dont le profil rappelait la courbe idéale du dessin antique, il y avait comme une auréole de robuste et calme dignité. Ses longs cheveux, d'un noir de jais, tombaient en larges boucles sur ses épaules demi-nues. Sa taille, magnifique en ses contours, gardait une grâce latente, mais exquise, parmi sa vigueur hautaine, et ajoutait à la fière perfection de son visage, comme un un noble piédestal met en lumière la valeur d'une statue.

Le type juif dominait dans ses traits, et sa carnation n'était point celle d'une Anglaise.

Elle était debout. Dédaigneuse du point d'appui que lui offrait le lambris, elle n'inclinait point sa superbe taille, dont les profils immobiles semblaient de marbre. Son œil noir, grand ouvert, restait terne et sans reflets comme l'œil d'une somnambule. Nul mouvement parmi les muscles de son visage. La lumière croisée des lampes venait frapper la mate pâleur de son front et s'y absorbait comme en un cristal dépoli.

C'était sur elle que se fixait sans cesse l'œil sans regard de l'aveugle, qui cependant savourait lentement et à petites gorgées un verre d'eau-de-vie sucrée. Dans l'intervalle qui séparait chaque gorgée de la suivante, ses lèvres remuaient. Il semblait suivre un de ces intimes entretiens que les gens privés de la vue entament souvent avec eux-mêmes.

Dans la salle commune (*the tap*) une vingtaine d'individus, dont le costume en désordre se rapprochait de celui des *watermen* (mariniers) de la Tamise, venaient d'arriver ensemble et buvaient, debout, le petit verre de gin pur.

— Susannah! dit le capitaine Paddy O'Chrane, mélangez-moi, mon cœur, pour six pences de gin avec de l'eau froide, sans sucre... Vous mettrez une idée de citron, Susannah !

La belle fille à qui s'adressait cet ordre ne l'entendit point et ne bougea pas.

— Je veux être damné si elle m'entendra! grommela le capitaine; je vais me voir forcé d'appeler mistress Burnett.. Mistress Burnett!

La dame et suzeraine de la taverne des *Armes de la Couronne* entra d'un pas majestueux et discret à la fois. Elle était fort rouge, fort courte, et portait un bonnet dont le fond de dentelle avait bien deux pieds anglais de haut.

— Je veux que Dieu me damne, mistress

Burnett, reprit le capitaine, si je n'ai pas commencé par appeler Suky... mais le *Vanguard* tirerait une pièce de quarante-huit à son oreille, — le diable m'emporte, mistress Burnett! — sans la faire bouger plus qu'une souche.

— Suky! cria mistress Burnett d'une voix stridente.

Un imperceptible tremblement agita la paupière de l'aveugle. La jeune fille ne bougea pas.

— Voyez, de par Dieu! mistress Burnett, dit le capitaine, je gage un shelling contre six pences, — de par tous les diables, oui! qu'elle ne daignerait pas répondre au lord mayor en personne.

Pendant que le capitaine parlait ainsi, mistress Burnett s'était élancée vers Suzannah, dont elle avait rudement secoué le bras.

— Hé bien! fainéante; hé bien! dit-elle avec colère.

La belle fille recula d'un pas et devint pourpre. Une reine eût envié le geste involontaire avec lequel elle répondit à la brutale attaque de sa maîtresse. Ce fut un mouvement de hauteur si soudaine, de dignité si vraie, que la tavernière demeura, bouche béante, incapable d'articuler un mot de plus.

L'aveugle, en ce moment, sourit et se frotta les mains, comme si une joyeuse pensée eût subitement traversé son esprit.

Mais Susannah reprit bien vite son attitude de morne indifférence. L'éclair de ses beaux yeux noirs s'éteignit. Mistress Burnett retrouva son courage.

— Donnez donc du pain à une malheureuse! dit-elle ; prenez donc chez vous une mendiante toute nue!... Pour vous remercier, elle ruinera votre établissement, mécontentera vos pratiques...

— Mistress Burnett, interrompit de loin le capitaine, — du diable si je croyais causer tout ce bruit... Laissez là cette pauvre fille, de par Dieu!... et donnez-moi mon grog.

La tavernière obéit, mais, offensée du ton d'insolite brusquerie que prenait avec elle le capitaine, elle voulut s'en venger, et, par un geste commun aux femmes de bas lieu de tous les pays, elle porta son poing fermé jusque sous les narines de Susannah.

La belle fille se prit à sourire dédaigneusement. L'aveugle avala d'une seule gorgée tout le reste de son eau-de-vie sucrée.

— Je ne donnerais pas ma soirée pour cent livres ! murmura-t-il.

Cinq heures sonnèrent à la pendule de la taverne. Les individus qui buvaient dans le *tap* s'agitèrent en murmurant, et l'un d'eux, grand garçon taillé en Hercule, avança la tête jusqu'à la porte du parloir.

Le capitaine se leva vivement.

— Bien! Turnbull; bien! pitoyable drôle, grommela-t-il en boutonnant militairement son étroit frac bleu. Susannah!... Elle ne m'entendra pas, vous verrez... Mistress Burnett! je reviendrai ce soir, ma chère dame, ou le diable m'emporte! Faites préparer mon grog, je vous prie... Vous savez? du gin pour six pences, madame, mélangé avec de l'eau froide, sans sucre... une idée de citron!

Le capitaine prit sa canne et descendit les degrés de la taverne. Les *watermen* l'avaient précédé. Ils se dirigèrent de compagnie vers Lower-Thames-Street, la seule grande rue qui les séparât de la Tamise. Les matelots allaient par petits groupes de trois ou quatre hommes, feignant l'ivresse et chantant à tue-tête. Paddy les suivait à une vingtaine de pas de distance.

En passant devant la porte de Custom-House (1), où deux ou trois douaniers prenaient le brouillard en fumant des cigares de contrebande, Paddy porta la main à son chapeau.

— De joyeux drôles, monsieur Bittern, dit-il en montrant les matelots.

— De gais coquins, monsieur O'Chrane, répondit le douanier.

— Un diable de brouillard! ajouta Paddy.

---

(1) La Douane, dont les derrières donnent sur Lower-Thames-Street.

— Un brouillard du diable, monsieur !

Paddy rejoignit ses matelots dans une ruelle déserte qui conduit à la Tamise, au bout de Bototph-Lane. Ils longèrent la ruelle dans le plus profond silence et atteignirent un escalier en mauvais état et hors d'usage à cause de la proximité de Custom-House-Stairs (escalier de la douane). Le capitaine jeta tout autour de soi un regard perçant. Rien de suspect ne se montra, faut-il croire, car il fit un signe, et les matelots commencèrent à descendre sans bruit les degrés.

— Qui porte le manteau ce soir? demanda Paddy.

Deux hommes sortirent des rangs.

— Saunie et Patrick? reprit le capitaine. Veillez bien, mes drôles... et nous autres, embarque!

Saunie et Patrick restèrent en haut des degrés, déplièrent de lourds manteaux de watchmen qu'ils portaient sous le bras, s'en enveloppèrent et se couchèrent immobiles sur le sol.

Le reste des matelots et le capitaine Paddy O'Chrane se partagèrent également entre trois bateaux à quille, noirs, effilés, et dont le plat-bord s'élevait très peu au dessus de l'eau.

— Borde les avirons! dit à voix basse Paddy, qui commandait le *bateau-amiral;* — nage!

Les trois barques quittèrent silencieusement la rive, louvoyant et se frayant passage à grand'peine à travers les embarcations de tous genres qui encombrent les deux côtés du canal de la Tamise. Tantôt ils glissaient sous l'avant gigantesque d'un gros navire marchand ; tantôt ils rangeaient un steamer éteint et désert ; tantôt encore ils embarrassaient leurs rames dans le réseau d'amarres et de câbles qui les enveloppait de toutes parts.

Un brouillard dense, presque palpable, et tout imprégné des lourdes vapeurs de la houille, recouvrait le fleuve comme un immense linceul. C'est à peine si l'on voyait çà et là quelques feux lointains et rougis par la réfraction de la brume. Presque toutes les lumières des navires à l'ancre étaient éteintes. Personne sur les alléges, personne sur les embarcations de haut-bord. De loin en loin seulement, un fanal oublié achevait de charbonner sa mèche noirâtre au dessus d'un gardien endormi.

C'était un soir de dimanche. Les affaires dormaient. Au delà des navires abandonnés ou gardés par des somnambules, Southwark et la Cité montraient leurs gaz obscurcis et les croisées écarlates de leurs tavernes, d'où s'échappaient, à rares et cacophoniques bouffées, les chants de la lugubre et pesante ivresse du peuple de Londres.

Les trois bateaux de l'amiral Paddy O'Chrane

avaient gagné enfin le canal central et commençaient à remonter le fleuve.

— Joli temps, Tomy, mon garçon, joli temps, ou le diable m'emporte! dit le capitaine en passant sous une arche de New-London-Bridge.

— Joli temps, capitaine! répondit le robuste Tom Turnbull, mais la marée va atteindre son plein...

— Et la brise se lèvera au reflux, ajouta l'un des rameurs, dont l'exubérant embonpoint emplissait presque toute la largeur du bateau; — il faut nous presser. La brume ne tiendra pas.

— Pressons-nous, gros Charlie, pressons-nous, dit un petit garçon, jeune drôle fort précoce qui répondait au beau nom de Snail (limaçon). Aussi bien, nous avons besoin de donner de nos nouvelles à Son Honneur; nos poches sont vides et la vie est durement chère, comme dit maître Bob Lantern...

— Silence, extrait de brigand, silence, mon fils bien aimé, dit paternellement le capitaine. Moins on parle de Son Honneur et mieux cela vaut... Mais que diable devient ce vil pendard, ce cher garçon de Bob Lantern ?

— Marié, répondit Charlie; marié dans St-Giles avec une créature de six pieds sans semelles... On ne le voit plus guère...

— Ah mais ! s'écria le petit Snail, maître

Bob est plus fin que nous. Il travaille pour son compte... Les dimanches au soir, il va dans les églises... Il y a de bons coups à faire dans les églises, savez-vous?...

— La paix, graine de pendu, la paix, mon enfant chéri! interrompit encore le capitaine; nous voici sous le pont de Blackfriars, où les policemen croissent en pleine terre... Charlie! tu vas toucher, gros oison!... scie à bâbord, scie!

Charlie obéit. Le bateau sortit de l'ombre épaisse qui régnait sous l'arche, et les deux rives apparurent de nouveau.

— Ho! ho! s'écria Tom Turnbull, trois

mières ! La besogne est au complet, et nous n'aurons pas trop de trois bateaux ce soir.

Les lumières dont parlait Tom se distinguaient parfaitement à travers la brume : l'une d'elles brillait entre le pont et Whitefriars ; la seconde se voyait du côté du fleuve, sous Temple-Gardens ; la troisième, enfin, était dans Southwark, à gauche des degrés d'Old-Barge-House. Toutes trois lançaient des rayons verts d'une grande intensité ; néanmoins, au milieu des feux de toute sorte qui brillaient en plein air ou derrière les fenêtres, ces trois lumières devaient nécessairement passer inaperçues.

— Il faut nous séparer, dit le capitaine. Je

me réserve pour ma part ce vieux coquin de Gruff, le meilleur de mes camarades, et son hôtellerie maudite du *Roi George*, que Dieu bénisse!... A toi l'auberge des *Frères-Blancs*, Gibby... à toi Southwark et l'hôtel de la *Jarretière*, Mitchell... Et comportez-vous, misérables, comme de jolis chrétiens.

L'un des bateaux, en conséquence de cet ordre, nagea vers Southwark; le second, coupant le courant de la Tamise en sens inverse, gagna la Cité. Celui du capitaine continua à remonter le fleuve.

— Pas de fanal jaune aujourd'hui, dit Turnbull; c'est drôle, en ce temps-ci où les gens du continent arrivent par bandes.

— C'est heureux, ou que je sois pendu, répliqua Paddy ; je n'aime pas à voir le fanal jaune... Il me semble toujours entendre le dernier cri du pauvre diable qu'on égorge... Oui... c'est une faiblesse, mais quand je vois le fanal jaune, je change mon gin du soir pour de l'*old-tom* (1) afin de me remonter le cœur... Tu ris, Tomy, coquin sans entrailles... Eh bien ! je te dis, moi, que cela me coûte un shelling de plus, et que c'est un objet.

— Un mort de plus, un mort de moins, prononça Turnbull avec indifférence, — sur la quantité, cela ne fait rien.

---

(1) Gin de qualité supérieure et qui grise plus vite.

— Rien de rien! ajouta en riant le petit Snail.

— Et puis, reprit le gros Charlie, il faut que tout le monde vive, capitaine. Si nos trois hôteliers ne faisaient pas de temps en temps leur métier d'assommeurs, que deviendraient Bishop et compagnie, nos bons frères de la Résurrection?

— Moi, j'aime la lanterne jaune! conclut le petit Snail.

— Dans un âge si tendre! murmura Paddy; ce cher enfant est déjà le plus venimeux reptile que je connaisse... Attention à toi, Charlie!

Le bateau, qui voguait maintenant seul,

venait de quitter le milieu du fleuve pour s'engager dans ce dédale d'allèges, de barques pontées, de steamers grands ou petits et de *pleasure-boats* qui encombrent les abords du rivage. Charlie joua fort habilement de l'aviron, Turnbull saisit le gouvernail, et le bateau toucha sans encombre au dessous de Temple-Gardens.

L'endroit où il s'était arrêté formait une sorte de petit havre, protégé par la saillie d'une haute maison construite en partie sur pilotis, en partie sur la terre ferme.

C'est cette maison qui portait le fanal aux rayons verts.

Paddy tâta l'un des énormes poteaux qui

soutenaient la voûte, et trouva un fil de fer terminé par un anneau : il sonna.

Au bout de quelques instans, un grincement se fit entendre juste au dessus du bateau. On eût dit la charnière d'une trappe jouant sur ses gonds rouillés.

— *Who's there?* (qui est là?) prononça une voix prudemment contenue.

— *Fellow,* mon brave, *fellow* (camarade), honnête et très digne Gruff, répondit le capitaine ; — que Dieu me damne sans pitié si je ne suis pas bien aise de vous offrir le bonsoir ! Comment se porte, je vous prie, votre respectable compagne ?...

Paddy fut interrompu par un très rude

soufflet que lui donna un ballot qui se balançait au bout d'une corde dont l'autre extrémité pendait à la voûte.

— Bien, Gruff, triste coquin, gronda-t-il avec humeur. — Puisses-tu glisser toi-même, une belle nuit de brouillard comme celle-ci, par le trou de ta trappe!

Tout en maugréant, il s'effaça vivement, et ses hommes détachèrent le ballot, qu'ils jetèrent au fond de la barque. La corde remonta.

— Ça sent le musc, dit Tom; — il y a là une valise de gentleman, pour sûr... Charlie, amarre la soupape avant que la cale soit pleine.

— La soupape joue comme un charme, Tomy, mais je n'aimerais pas à prendre un bain ce soir, répondit le gros rameur.

Un second ballot vint se balancer à hauteur d'homme; il eut le même sort que le premier. La corde remonta pour redescendre encore. Cinq ballots furent ainsi jetés dans la barque.

— *Good night!* (bonne nuit!) dit alors la voix d'un ton bourru.

La corde disparut ; la trappe se referma.

— Nage, Charlie, mon gros cygne ! commanda le capitaine. Le brouillard a l'air de vouloir se lever... *Good night,* Gruff, vieux vampire, boucher nocturne, misérable tueur, bonne nuit !... Mais voici le bateau de Whitefriars... Ohé !

— Six ballots, capitaine.

— Bien !... nagez, mes drôles ! J'aperçois la barque de cet abject scélérat de Mitchell, notre bon camarade... Ohé !

— Deux petits paquets, capitaine.

— Deux petits paquets ! répéta Paddy, en haussant les épaules d'un air mécontent.

Les trois bateaux commencèrent à redescendre le fleuve. La marée était encore pour eux. Ils avançaient rapidement, et ils se retrouvèrent bientôt sous les arches monumentales de London-Bridge.

Le brouillard avait diminué d'intensité par l'effet d'une forte brise qui s'était levée avec le reflux. On voyait maintenant s'élancer de toutes parts une forêt de mâts sveltes et penchés en arrière, reliés par mille écheveaux de minces cordages ; l'eau du fleuve commençait à répercuter vaguement les lointaines clartés du gaz.

— Le jeu se brouille, dit Turubnll. Nous sommes éclairés en plein par les réverbères du pont. On doit nous voir...

— Nage, Charlie, gros marsouin ! commanda le capitaine. Encore un coup d'aviron et nous nous cachons derrière ce trois-mâts de la Compagnie... S'il plaît à Dieu, nous arriverons à bon port ; sinon...

Paddy s'interrompit, poussa un gros soupir et continua :

— L'eau doit être froide pour un bain, mes chéris !

La barque quitta le milieu du canal, où les ténèbres se faisaient visibles, pour entrer sous l'ombre du trois-mâts. Charlie cessa de ramer. On était à cent brasses environ des degrés où s'était opéré l'embarquement. — Les deux autres bateaux arrivèrent et imitèrent l'exemple du premier : ils s'arrêtèrent.

— Miaule, Snail, méchant matou, dit le capitaine.

A l'instant même un miaulement aigu et

merveilleusement modulé partit du fond du bateau.

Quelques secondes après, un sourd aboiement se fit entendre du côté du rivage.

— Malédiction ! grommela Paddy, nous sommes barrés !... Mais, après tout, ce diable de Saunie aboie si bien qu'on ne sait jamais si c'est lui ou quelque dogue galeux égaré par les rues... Miaule encore, Snail.

Le cri du chat fut imité une seconde fois. Un second aboiement lui répondit.

— Il n'y a pas à dire non ! murmura Turnbull ; — c'est Saunie... Le police-boat est entre nous et les degrés.

— Brigands de douaniers! ajouta Paddy; — comme si nous faisions la contrebande, nous autres!... Allons, mes drôles! il nous faut virer de bord et tâcher de prendre terre au dessus du pont... Heureusement, la brise mollit et le brouillard revient... Nage partout!

Les trois bateaux s'ébranlèrent à la fois, mais, au moment où la barque de Paddy sortait de l'ombre, une masse noire doubla l'avant du trois-mâts de la Compagnie.

— Ho! de la barque! cria une voix impérieuse.

— Vire, Tomy!... nage, Charlie! dit tout bas le capitaine.

Le bateau répondit aux efforts combinés des deux matelots et s'élança du côté du rivage, mais un lourd grapin mordit le plat-bord et arrêta instantanément la marche.

— Coupez-moi cela en deux temps, de par l'enfer, mes jolis compagnons! dit le capitaine.

Tomy donna un furieux coup de hache.

— C'est une chaîne! murmura-t-il avec dépit.

— Ho! de la barque, ho! répéta-t-on à ce moment.

Point de réponse.

La chaîne qui retenait le grapin se tendit, et le bateau fut violemment attiré vers la masse noire, qui était une patache du Thames police-office.

Le capitaine enfonça son chapeau et mit sa canne à sa ceinture.

— Attention! dit-il. — Du diable si j'avais envie de prendre un bain ce soir... Détale, Charlie, tu pèses sur la soupape... Largue l'amarre, Tomy... et sauve qui peut!

Ce fut un coup de théâtre.

Le fond de la barque s'ouvrit soudainement: hommes et ballots tombèrent à l'eau. — Le grapin de la police n'amena qu'une coque vide et percée. Les deux autres barques, profitant de la bagarre, avaient gagné le débarcadère, où l'équipage du bateau-amiral arriva presque en même temps qu'eux.

— L'eau est froide, dit le capitaine en mettant le pied sur les degrés; — froide, ou le diable m'emporte !

Il n'avait perdu ni sa canne ni son chapeau.

Snail se secoua comme un barbet mouillé, miaula et se fourra sous le manteau de Saunie, — qui aboya.

Les autres chargèrent les ballots sur leurs épaules et remontèrent les ruelles sombres du quartier de la Tour, en ayant soin, cette fois, de ne point passer devant la douane.

Quant au bon capitaine Paddy O'Chrane, il

s'en fut paisiblement chez lui mettre un autre frac bleu et une culotte chamois de rechange ; après quoi il se rendit à la taverne des *Armes de la Couronne.*

Au moment où il entrait dans le parloir, une scène violente, analogue à celle que nous avons rapportée déjà, avait lieu entre mistress Burnett et sa servante Susannah. Cette dernière opposait aux bruyantes et colériques démonstrations de sa maîtresse un calme qui ressemblait aux dédain ou à l'apathie. Mistress Burnett n'avait jamais été fort renommée pour sa patience ; poussée à bout, elle leva sa main qui retomba brutalement sur la joue pâle de Susannah.

— Diable! pensa Paddy, voilà qui va retarder mon grog!

L'aveugle n'avait pas bougé pendant notre excursion nautique, et s'était fait servir un deuxième verre d'eau-de-vie sucrée. Il entendit sans doute le bruit du coup, car il se leva brusquement. Son col se tendit ; son visage, insignifiant d'ordinaire, exprima tout-à-coup une cusiosité surexcitée jusqu'à la passion.

— Est-ce une virago? pensa-t-il tout haut ; — est-ce une femme forte?

Susannah avait éprouvé une secousse terrible. Ses traits livides se contractèrent. Un feu sombre brûla au fond de son œil. Sa robuste nature se révoltant d'instinct contre l'outrage, on put croire qu'elle allait bondir en avant et frapper; son corps souple et musculeux se ramassa soudainement comme le torse généreux d'une jeune et gracieuse panthère qui va s'élancer sur sa proie.

— Eh! eh! se dit le capitaine, je parie un shelling contre six pences que ma digne amie va recevoir son compte... Mon avis est qu'il n'y aura pas grand mal à cela.

Mistress Burnett eut la même pensée, car le carmin foncé de sa joue disparut : elle trembla.

Mais la belle fille, comprimant sa fougueuse colère, croisa ses bras sur sa poitrine avec mépris.

L'aveugle laissa échapper un soupir de soulagement.

Susannah, sans dire un mot, traversa le comptoir à pas lents et descendit les degrés de la taverne.

Tyrrel jeta une couronne sur la table, oublia de demander sa monnaie, et sortit en tâtonnant.

— Allons! dit le bon Paddy, ma digne amie l'a échappé belle!... Quant à Suky, grâce à ce diable de Tyrrel, elle aura du moins où coucher ce soir... pourvu qu'il ne se casse pas le cou.

Tyrrel, en arrivant au bas du perron, entendit un pas léger dans la direction de Thames-Street. Il se mit en marche aussitôt.

Le pas de Susannah était ferme et frappait le sol à intervalles réguliers. Elle ne se hâtait point. A la lueur douteuse des reverbères, la beauté de ses formes atteignait une perfection presque fantastique. — Tyrrel la suivait sans hésiter, comme si un instinct mystérieux eût éclairé sa nuit profonde. Il ne tâtonnait plus.

En sortant de Lower-Thames-Street, Susannah prit le même chemin que nos matelots, et entra dans le lane étroit qui mène au fleuve.

Tyrrel s'élança et la rejoignit.

— Où allez-vous, ma fille? demanda-t-il avec sollicitude.

— A la Tamise! répondit Susannah sans s'arrêter et sans presser le pas.

C'était le premier mot que Tyrrel l'entendit prononcer. Sa voix, douce et grave, participait de l'expression de son visage. Elle était belle, mais elle était morne.

— A la Tamise! répéta Tyrrel. Songeriez-vous donc à mourir?

— Oui, répondit Susannah.

— Pourquoi, ma fille? pourquoi?

— Parce que je n'ai ni espoir pour l'avenir, ni asile pour le présent.

— Je vous donnerai un asile, Susannah, et je vous rendrai l'espoir.

Susannah ne s'arrêta pas.

— Bien souvent des gens sont venus vers moi pour me parler ainsi, dit-elle; ils voulaient m'acheter... Vous êtes comme eux, sans doute... je ne suis pas à vendre.

— A Dieu ne plaise ! Susannah.

— J'aime un homme, reprit-elle ; c'est pour cela que je ne puis pas me vendre.

Tyrrel recula, étonné.

— Seulement à cause de cela ? demanda-t-il.

— Oui, répondit la belle fille avec fatigue.

Elle allait faire les quelques pas qui la séparaient encore de la Tamise. Tyrrel lui saisit le bras et lui dit avec une singulière émotion de curiosité :

— Vous n'auriez donc pas honte de vous vendre, Susannah ?

— Honte ! répéta-t-elle ; — non.

— Que vous a donc appris votre mère ? s'écria Tyrrel stupéfait.

— Rien... Je suis l'enfant d'une femme qui déserta mon berceau, et d'un juif qu'on a pendu à Newgate, parce qu'il avait volé.

Susannah prononça ces mots d'un ton simple et sans effort.

— Vous ignorez donc tout ! reprit Tyrrel.

— Non, répondit-elle ; je sais vivre.

Puis, s'animant soudain, elle ajouta d'une voix vibrante :

— Mon père était bien riche avant d'être pendu !... J'ai appris à me parer, à chanter, à danser, à parler les langues du continent...

— Vrai, Susannah ; dis-tu vrai ? interrompit Tyrrel.

— Je vais mourir, répliqua froidement la jeune fille.

La lueur égarée de quelque lampe allumée dans une maison voisine vint éclairer vaguement le visage des deux acteurs de cette scène. Les traits exquis de Susannah avaient repris leur morne immobilité ; l'œil de Tyrrel, au contraire, brillait d'un éclat étrange.

— Et si on te rendait la vie que tu menais chez ton père, enfant? demanda-t-il.

— Ma vie ! ma vie ! murmura la belle fille ; — ma vie d'autrefois !

— Je te la rendrai, te dis-je.

Elle sembla hésiter un instant, puis, se dégageant par un brusque mouvement, elle franchit la distance qui la séparait du fleuve en disant :

— Il y en a tant déjà qui m'ont parlé ainsi !...

Non! mon cœur et mon corps, tout cela est à lui !

— Mais je ne te demande ni ton cœur, ni ton corps, enfant, s'écria Tyrrel ; — je suis aveugle !

Ces paroles arrivèrent aux oreilles de Susannah au moment où elle se balançait déjà, en équilibre, au dessus de l'eau. Elle se rejeta en arrière.

— Ni mon cœur, — ni mon corps ! répéta-t-elle ; — aveugle !... Alors que voulez-vous ?

— Je veux ta volonté.

Susannah pencha sa belle tête sur son sein.

— Un jour, murmura-t-elle, je suis tombée, mourant de fatigue et de faim, sur le seuil de cette femme qui vient de me frapper... En échange de ma liberté, elle me donna du pain, rien que du pain!... Je puis bien être encore servante.

— Vous acceptez? demanda Tyrrel.

— Que faut-il faire ?

Tyrrel sortit de sa poche une bourse bien garnie, qu'il mit dans la main de Suzannah.

— Attendre, dit-il... Ecoutez bien ceci : Je vous achète, non pas pour moi qui suis faible, mais pour une association qui est terrible et forte... Je vous connais mieux que vous ne vous connaissez vous-même et sais ce que

vous pouvez... Silence sur notre rencontre !...
Fidélité, obéissance passive, voilà vos devoirs... Ce soir, retirez-vous où vous voudrez... Demain, à midi, frappez à la porte indiquée sur cette adresse (il lui remit une carte); la porte s'ouvrira, vous entrerez et vous ordonnerez, — car cette maison sera la vôtre... Adieu ! Susannah. Vous me reverrez !

II

UNE QUÊTE A TEMPLE-CHURCH.

A l'heure où le capitaine Paddy O'Chrane échappait par un plongeon à la poursuite du police-boat, Stephen Mac-Nab, Ecossais de naissance, médecin de profession et âgé de vingt-quatre ans moins deux mois, prit ses cousines sous le bras pour les conduire à l'église du Temple.

Les cousines de Stephen Mac-Nab allaient ainsi tous les premiers dimanches du mois à Temple-Church pour entendre le sermon du révérend John Butler et chanter des psaumes. L'aînée avait nom Clary, la cadette Anna. Leur père, l'un des juges de paix du comté de Dumfries, demeurait au château de Crewe, près de Lochmaben, et s'appellait Angus Mac-Farlane.

Clary et Anna étaient les deux plus jolies petites misses qu'on puisse voir. Leur aspect rappelait involontairement cette gravure où Thompson a traduit d'une manière toute gracieuse une des plus charmantes créations de

notre grand romancier : Minna et Brenda Troïl.
Elles n'avaient point pourtant la beauté nuageuse et hyperboréenne des vierges du Nord ;
c'étaient bien deux filles de l'Ecosse méridio-
nale, à la tournure gracieuse et dégagée, au
sourire fin, à l'œil civilisé. Seulement, Clary
avait le regard plus fier, le front plus hautain,
le sourire plus mélancolique. C'était Minna.
Anna, au contraire, timide et rieuse à la fois,
avait gardé, jeune fille, sa physionomie d'enfant : elle ne voyait que joie et bonheur dans
le lointain de sa vie à venir ; aucune pensée
de tristesse n'avait plissé jamais son front insoucieux ; son grand œil noir, qui riait et cha-
toyait sous les longs cils châtains de sa paupière, ne connaissait de larmes que celles qui
coulent sans amertume et se sèchent sur la

joue sans laisser de trace à l'âme : c'était Brenda.

Toutes deux avaient été élevées dans les idées enthousiastes de la dévotion écossaise. Prier était leur occupation principale, et les choses de la religion remplissaient leur vie. La mère de Stephen Mac-Nab, leur tante, chez qui elles demeuraient, était comme elles Ecossaise et pieuse comme elles. Sa maison n'était fréquentée que par quelques bonnes mistresses charitables, mais peu divertissantes, et le révérend John Butler, qui s'était pris pour les deux sœurs d'une affection paternelle.

Quant à Stephen, c'était un brave jeune homme qui, après avoir étudié cinq ans la médecine, exerçait à Londres, en attendant que

Royal-College voulût bien l'admettre au nombre de ses savans agrégés, — et pensait connaître à fond la vie. Il jouait passablement au whist, portait comme il faut le costume fashionable et n'était point trop odieusement pédant pour un docteur en herbe. Il aimait beaucoup ses deux cousines, savoir : Clary d'amour ou quelque chose d'approchant, et Anna d'amitié ; mais ces deux sentimens ne différaient point assez en lui pour qu'il pût s'en rendre compte d'une façon arrêtée. En les définissant, nous anticipons sur leur développement, et si vous eussiez interrogé Stephen, il n'eût certes point pu vous en dire aussi long.

Quoi qu'il en soit, ce dimanche dont nous

parlons, mistress Mac-Nab se trouvant souffrante, Stephen fut chargé de l'office de chaperon. Il descendit gaillardement le trottoir de Cheapside, et se sentit tout fier d'avoir au bras de si charmantes compagnes. Clary et Anna s'appuyaient de chaque côté sur son bras. Clary était silencieuse et pensive, souriant parfois, machinalement ou par complaisance, aux plaisanteries de son cousin. Anna écoutait de toutes ses oreilles, et ne se souvenait point d'avoir jamais rencontré un homme qui eût autant d'esprit que Stephen.

A mesure qu'on approchait de l'église, ce dernier perdait un peu de sa gaîté. Cinq années d'université avaient sensiblement émoussé l'ardeur de dévotion qu'il avait, lui aussi, apportée d'Ecosse. Il était toujours bon chrétien, mais un sermon suivi de plusieurs psaumes lui semblait une perspective médiocrement attrayante.

—Mes chères cousines, dit-il tout-à-coup en quittant Fleet-Street pour entrer dans Inner-Temple, je suis un détestable étourdi !

— Pourquoi cela ? demanda Anna.

Clary n'avait pas entendu.

— Parce que j'ai oublié de visiter *l'un* de mes malades.

Stephen prononça ces mots avec une certaine emphase. Ce malade était son premier client,

— Vous la ferez demain, dit Anna.

— Demain?... Il sera peut-être trop tard !

Clary regarda Stephen en souriant et fit un signe de tête. Elle crut que son cousin venait de faire un calembourg.

— C'est charmant, dit-elle.

Stephen leva sur elle son œil plein de surprise.

— Que trouves-tu donc de charmant à cela, Clary? s'écria Anna ; Stephen prétend qu'il a une course importante à faire... Nous resterons seules.

— Qu'importe?... mon cousin viendra nous retrouver.

— Sans doute! s'empressa de dire Stephen. Ce sera l'affaire d'un instant.

Ils arrivaient au perron de l'église. Anna quitta d'un air boudeur le bras de son cousin, et entra ; Clary la suivit : Stephen resta sous la porte et se prit à réfléchir.

— Clary a de singulières distractions, pensa-t-il ; et je trouve qu'elle fait fort aisément le sacrifice de ma haute protection... si j'entrais ?...

Dût le lecteur prendre une opinion très défavorable de Stephen Mac-Nab, qui remplira dans ce récit un rôle recommandable, nous sommes forcés d'avouer qu'il n'avait aucune espèce de visite à faire dans l'intérêt de son client. Le sermon du révérend John Butler l'avait effrayé, voilà tout. C'était très mal, mais il y a des grâces d'état pour les médecins de vingt-quatre ans moins deux mois. — Donc, au lieu d'entendre le sermon, il avait projeté une bonne causerie au coin du feu, chez quelque ami du voisinage, ou bien une partie de billard, ou bien encore tout autre chose, mais la distraction de Clary lui donna à penser. Il franchit le seuil à son tour; et, se glissant derrière les piliers du chœur, il prit place à un endroit où, sans être vu, il pouvait espionner à son aise les deux sœurs.

— Ceci était encore fort mal, mais il y avait eu des paroles prononcées touchant un mariage entre Stephen Mac-Nab et l'une de ses cousines, — à son choix; — Stephen avait donc un peu le droit de se poser en observateur.

Temple-Church avait été rempli toute la journée. A cette heure, il n'y avait plus guère dans l'église que le petit troupeau du révérend John Butler, composé en presque totalité de femmes. Cette petite congrégation vaquait au service du soir dans le chœur, car Temple-Church, l'un des plus vieux débris de l'architecture gothique qui soit à Londres, conserve l'apparence et les distributions d'une église catholique.

Stephen ne vit rien d'abord. Les deux jeunes filles, à genoux au milieu d'un décuple rang de femmes, étaient absorbées par la prière. Le révérend John Butler, debout dans la petite chaire qui se colle à l'une des parois de l'abside, récitait un psaume que l'assistance répétait en chœur. Quand le prêtre se tut, il se fit un long silence, pendant lequel chacun se recueillit et continua mentalement l'oraison. Puis tout le monde se leva.

Alors seulement Stephen put découvrir le visage des deux sœurs. Anna, avant de s'asseoir pour écouter la lecture, adressa dans la foule un ou deux sourires bienveillans à ses compagnes. Clary n'imita point son exemple, mais elle tourna vers le pilier auquel s'adossait Stephen un regard indifférent et distrait. Au même instant, elle tressaillit vivement; sa tête se pencha; une pâleur subite chassa les fraîches couleurs de sa joue.

— Maladroit que je suis! se dit Stephen; — elle m'a reconnu.

Et par un mouvement instinctif, il se cacha derrière le pilier. Au bout de quelques secondes, il allongea de nouveau la tête avec précaution.

Clary avait gardé la même position. Bien que le ministre eût prononcé les premières paroles du sermon, elle ne s'était point assise. Une force mystérieuse semblait immobiliser chacun de ses membres, et son regard perçant et plein de feu ne se détachait pas du pilier.

— Voilà qui est étrange! pensa Stephen; — je ne l'avais jamais vue regarder ainsi.

Puis, quand il eut répété par deux fois le même manége, il se fit cette question, qu'un autre se fût faite peut-être dès la première épreuve :

— Est-ce bien moi qu'elle regarde ?

Pour s'en assurer, il fit rapidement le tour du pilier, et se trouva en face d'un homme, appuyé, comme lui-même l'était tout à l'heure, contre la pierre. Cet homme avait les yeux fermés ; un vague sourire s'épanouissait sur sa lèvre.

Stephen tressaillit et pâlit à son tour. Il jeta un rapide regard vers Clary, mais celle-ci avait maintenant le dos tourné ; elle venait de s'asseoir. Ce fut Anna qui répondit à son regard par un coup d'œil reconnaissant, qui voulait dire :

— A la bonne heure ! vous n'avez pas été long-temps dans votre course.

Alors Stephen se sentit venir au cœur une angoisse profonde et véritable, la première peut-être qu'il eût jamais éprouvée. Sa conscience, ce livre que chacun porte au dedans de soi, et qu'on ne feuillette guère qu'à son corps défendant, s'ouvrit et lui montra un nom écrit en lisibles caractères. Il perdit tout-à-coup ce calme insoucieux qui résulte de l'ignorance de soi-même. Clary qu'il avait jusqu'alors aimée à ses heures, pour ainsi dire, et quand il n'avait rien de mieux à faire, Clary lui apparut comme le but de sa vie, la chose nécessaire à son bonheur. Plus d'hésitation ; pas même une pensée pour Anna, pas même un soupçon qu'Anna eût pu jamais contrebalancer sa sœur. Il aimait Clary ; il le savait, il ne se souvenait plus de ce temps lointain, qui était la minute précédente, et dont un abîme le séparait désormais, de ce temps, disous-nous, où il méconnaissait sa passion. Son front brûlait; son cœur battait par violens soubresauts dans sa poitrine; ses yeux se troublaient et voulaient pleurer...

Or, pourquoi cette brusque révélation d'un amour latent jusqu'alors, et dont le germe existait à peine ?

C'est que toute passion sommeille en face

d'un but qu'on peut toucher en étendant la main ; c'est que pour sentir le prix d'un trésor il faut avoir frayeur de le perdre ; c'est que Stephen venait de se dire :

— Ce n'était pas moi qu'elle regardait !

Il resta quelques minutes anéanti sous ce coup de massue. Son naturel ferme et positif fit effort pour prendre le dessus et n'y put réussir. Il releva son œil plein de haine sur l'homme qu'il croyait son rival, et lui déclara, au fond du cœur, une guerre à mort.

Celui-ci n'avait garde de s'en douter. Ses yeux restaient fermés ; sa bouche gardait son sourire.

Stephen fut violemment tenté de lui toucher le bras et de l'entraîner au dehors pour le provoquer et en finir d'un seul coup, mais quel motif donner à son cartel ? D'ailleurs, bien que Stephen fût ce qu'on appelle un homme brave et qu'il eût eu plusieurs duels durant ses cinq années d'école, il y avait en lui de l'Ecossais. L'épée et le pistolet lui semblaient être des moyens chanceux et peu sûrs dans une affaire importante. Il était de ces gens avisés et logiques dans leurs rancunes, qui se battent volontiers pour un regard de travers, mais qui pensent que, pour réparer un tort grave, le duel est un expédient insuffisant et souvent dérisoire. Il se faisait cet argument digne d'un licencié d'Oxford : X... me blesse dans mes intérêts les plus chers ; je le provoque ; il me tue : suis-je vengé ?

Ici le raisonnement acquérait une force nouvelle. L'individu adossé au pilier, et qui était, pour le moment, l'X....... du problème ci-dessus, semblait un modèle de souplesse et de vigueur musculaires. C'était un homme d'une trentaine d'années, au moins en apparence, d'une taille haute, élégante et de modèle aristocratique. Sa mise, d'une simplicité parfaite, mais d'un goût merveilleux, ressemblait à la mise des esclaves de la mode, comme un tableau de maître peut ressembler à la pâle copie d'un barbouilleur. Quant à son visage, il offrait un remarquable type de beauté mâle et intelligente;

son front haut, large et sans ride, mais traversé de haut en bas par une légère cicatrice presque imperceptible quand sa physionomie était au repos, s'encadrait d'une magnifique chevelure noire. On ne pouvait voir ses yeux; mais, sous sa paupière baissée, on devinait leur puissance. Sa bouche, entr'ouverte maintenant par le sourire, était surmontée d'une fine moustache noire, à l'espagnole, et laissait voir une rangée de dents, petites et blanches, qui eussent fait honneur à la bouche d'une jolie femme. Cet ensemble de traits un peu trop délicats peut-être était relevé par deux sourcils tranchans et hardiment dessinés qui lui prêtaient un aspect de fermeté et de hauteur. Adossé au pilier, dans une attitude nonchalante, il avait l'air de dormir et de suivre en dormant un rêve joyeux ; sa physionomie reflétait au passage une série de sensations fugitives, mais agréables.

Stephen le contempla long-temps avec dépit. Le jeune médecin se savait joli garçon, mais il ne lui vint pas même à l'idée qu'on pût établir un parallèle entre lui et ce superbe étranger. Sa jalousie le lui montrait plus parfait encore qu'il ne l'était réellement. Pour lui, ce nonchalant dormeur prenait des proportions extraordinaires, fatales : c'était un de ces hommes au profil magnétique, qui viennent, dans les romans, tout exprès pour mettre à mal les vertus les plus inexpugnables ; c'était don Juan : et encore il est dou-

teux que don Juan eût d'aussi beaux favoris ;
— il est certain qu'il n'avait point un gilet aussi désirable.

Stephen ne pouvait pas même lui reprocher cette légère cicatrice qui coupait son front; il ne la voyait pas, bien que la partie de l'église où il se trouvait resplendît d'une très vive lumière. Il fallait, en effet, pour que cette cicatrice apparût, blanche et tranchée, que le front se rougît sous l'effort d'une passion soudainement excitée. Or, en ce moment, le front du rêveur était pâle et uni comme celui d'un enfant.

En désespoir de cause, Stephen s'en prit à ses yeux fermés ; il se les représenta rouges, éraillés, puis, emporté par son espoir, il se frotta les mains en s'écriant :

— Il louche peut-être !

Cette bienfaisante idée le calma sensiblement, et, comme le sermon touchait à sa fin, il s'éloigna du beau rêveur pour observer plus commodément la conduite de Clary dans le mouvement qui allait avoir lieu parmi les congréganistes.

A peine était-il à son nouveau poste, que l'assistance se leva en masse : l'âme de Stephen passa dans ses yeux.

En se levant, Clary jeta un second regard

vers le fameux pilier. Cette fois encore le regard fut long, perçant et plein de feu. Stephen eût donné six mois de sa vie pour une œillade semblable. Il voulut voir comment y répondait le rêveur.

Chose étrange ! le rêveur rêvait toujours ; il n'avait point ouvert les yeux ; il n'était pour rien dans tout cela. Stephen se sentit profondément humilié.

Il ne la voit seulement pas ! murmura-t-il en frémissant de rage ; — c'est elle qui aime et non pas lui !... cet homme m'a vaincu sans le savoir !

Donc la chose n'était pas fort difficile. Cette conclusion implicite blessa vivement Stephen et lui fit venir la sueur froide. Il envia les héros du théâtre d'Adelphi, qui ont toujours des poignards dans leurs poches, afin de se suicider à l'occasion.

Cependant un soupir souleva la poitrine de Clary, qui se retourna à regret vers l'autel. Le ministre entonna un psaume, et un chœur de voix fraîches et pures étouffa bientôt sa voix chevrotante.

Le rêveur dressa voluptueusement l'oreille, comme un lézard près duquel on joue de la flûte. Son sourire s'épanouit davantage, toute sa physionomie exprima un vague ravissement. Stephen le contemplait avec surprise. A mesure que le psaume avançait, la pose de l'inconnu devenait plus molle et plus sensuelle; il semblait en proie à une ravissante extase.

— Pour nos malades! dit en ce moment une voix douce derrière Stephen.

Il se retourna et reconnut Anna, qui tenait la bourse de quêteuse, suivant la mode qui commence à revenir dans certaines congrégations protestantes.

Stephen, dans sa détresse, se crut en droit d'agir comme un fou : il fouilla la poche de son gilet, et, pris d'un accès de prodigalité inqualifiable, il jeta bruyamment, l'une après l'autre, quatre demi-couronnes dans la bourse. Anna le remercia par un gracieux sourire.

Après cet acte romanesque de générosité,

Stephen se redressa et respira bruyamment, puis il jeta un regard triomphant vers son mystérieux rival.

— En cela, du moins, pensa-t-il, je te surpasserai, haïssable inconnu!

— Pour nos malades! dit encore Anna en s'arrêtant devant le rêveur.

Celui-ci tressaillit et ouvrit à demi les yeux. A la vue d'Anna, il recula d'un pas en portant la main à son front, comme on fait quand on se croit le jouet d'une illusion; puis il demeura immobile, couvant la jeune fille du regard.

Anna, honteuse et rougissant, voulut s'éloigner; mais le rêveur la retint d'un geste plein de grâce, et, sortant de sa poche un riche portefeuille, il prit une bank-note de dix livres qu'il déposa dans la bourse en s'inclinant profondément.

Stephen serra convulsivement les poings et se mordit la lèvre jusqu'au sang.

Il avait vu au coin de la bank-note distinctement gravé en lettres gothiques le mot *ten* (dix).

— Dix livres !... et moi dix shellings! grommela-t-il.

L'inconnu suivit quelque temps Anna du regard, tandis qu'elle continuait de quêter. Quand elle se fut perdue dans la foule, il redressa tout-à-coup sa riche taille, et jeta un coup d'œil autour de soi. Ce coup d'œil tomba indifférent et distrait sur Stephen.

— Il ne louche pas! pensa ce dernier avec douleur.

Puis, se ravisant tout-à-coup, il ajouta :

— Mais où diable ai-je vu cette figure-là?

Ce fut en vain qu'il fouilla ses souvenirs ; il dut bientôt reconnaître qu'une vague ressemblance l'induisait sans doute en erreur.

L'inconnu ne louchait pas, en effet ; tant s'en fallait. Ses grands yeux, d'un bleu obscur, doublaient le charme de sa physionomie. Son regard était impérieux et plein de pensée ; en même temps, l'émail qui entourait sa prunelle avait cette apparence sèche et mate qui indique, au dire de Lavater, une sensualité raisonnée et sans bornes.

Il faisait nuit déjà depuis long-temps. La partie du temple où se tenaient les congréganistes était brillamment éclairée, tandis que la nef et les bas-côtés disparaissaient, plongés dans une complète obscurité. Le bel inconnu, interrompu dans son rêve, quitta le pilier où il s'appuyait naguère et se dirigea lentement vers l'un des bas-côtés.

En même temps que lui s'ébranla un homme mal vêtu et de mine patibulaire, qui avait ouvert de grands yeux à la vue du billet de banque donné à la quêteuse. Cet homme, au lieu de suivre notre rêveur, prit le bas-côté opposé ; de telle sorte que, dans leur promenade circulaire, tous deux devaient se rencontrer au centre de la nef, c'est-à-dire à l'endroit le plus obscur et le plus désert.

Stephen avait vu cela, et une soudaine pensée traversa son esprit. Il était à Londres depuis assez long-temps pour savoir que notre civilisation est désormais si avancée que le commun des malfaiteurs se fait un jeu du sacrilége. Il crut deviner qu'un meurtre allait être tenté. Ce meurtre, au cas où ses soupçons eussent été fondés, aurait merveilleusement servi ses intérêts ; mais Stephen, bien qu'il ne fût point un héros de roman, était un homme d'éducation et d'honneur. Repoussant donc l'égoïste sentiment qui l'avait porté d'abord à se réjouir, il quitta sa place à son tour et s'enfonça sous l'ombre de la voûte, résolu à prêter, s'il en était besoin, un loyal secours à l'inconnu.

Celui-ci marchait à pas lents ; il s'arrêtait parfois, revenait sur ses pas, puis recommençait sa promenade, comme s'il eût cherché, en connaisseur, le point précisément le plus favorable pour entendre, voilée et perdue dans le lointain, la sainte musique des psaumes. D'autres fois il levait la tête et admirait les mystérieuses guirlandes formées par les nervures de la voûte, auxquelles arrivaient de pâles reflets des lumières de l'abside, tandis que la voûte elle-même restait plongée dans l'obscurité. Il admirait la confuse forêt des hauts piliers éclairés sur une seule de leurs arêtes, et qui ressemblaient ainsi à une étroite bande de lumière jaillissant du sol et touchant la charpente. A chaque pas, c'était un nouvel aspect toujours plus saisissant et plus étrange. Ce gigantesque kaléidoscope, variant à l'infini ses sombres tableaux, reculait les limites de la plus bizarre fantaisie. Notre rêveur n'avait fait que changer son rêve. Celui-ci était plein de féeriques péripéties. Il s'y plongeait avec délices et allait toujours, oublieux de soi et du monde entier.

Stephen le suivit long-temps, mais la nef était plongée dans une obscurité si profonde, qu'à dix pas les objets disparaissaient complétement. Dans un de ces capricieux détours auxquels se livrait notre rêveur, Stephen le perdit tout-à-coup, et, quoi qu'il fît, il ne put le découvrir de nouveau. Alors Stephen s'élança vers l'autre bas-côté pour arrêter le misérable auquel il supposait des projets sacriléges. L'homme mal vêtu fut introuvable.

Stephen tomba dans une singulière perplexité : devait-il, sur un simple soupçon, qui, au premier abord, pouvait paraître absurde à chacun, devait-il interrompre la cérémonie religieuse et faire éclairer la nef? Devait-il attendre un cri, un signe, qui lui dît où il fallait porter secours? Le premier moyen était assurément le plus sûr et le meilleur. Stephen n'osa l'employer. Il attendit, livré à une sorte d'oppression fiévreuse, et croyant ouïr parfois le cri rauque et strangulé d'un homme frappé à mort.

La musique des psaumes continuait de monter, harmonieuse et sainte, vers la voûte.

C'était un contraste étrange et terrible entre les bruits mélodieux de l'abside et le mortel silence de la nef, entre l'éclat de l'une et la nuit profonde de l'autre, — surtout lorsqu'on venait à penser que de ce silence et de cette nuit pouvait sortir à chaque instant un soupir d'agonie...

Notre beau rêveur, cependant, ignorant le danger peut-être imaginaire et la sollicitude dont il était l'objet, poursuivait sa promenade enchantée. Il était arrivé à cet endroit de la

nef que recouvrent d'épaisses nattes de jonc.
C'étaient ces nattes qui, étouffant le bruit de
ses pas, avaient fait perdre sa trace à Stephen.
A cet endroit, les notes du chant religieux,
brisées par la double barrière des piliers de
l'abside et des colonnes du maître-autel, lui
arrivaient mourantes et tout imprégnées d'une
mélancolique harmonie. L'abside resplendissait en face de lui; le crucifix de marbre blanc
semblait rayonner une lueur divine. Notre
inconnu donnait son cœur sans réserve aucune à toute cette poésie. Il appelait les souvenirs des jours de sa jeunesse chrétienne. Il
se reposait des fatigues d'une vie bien agitée
peut-être, peut-être bien coupable, dans un
extatique bonheur. Car notre inconnu était
ainsi fait : homme de volupté, il pouvait se

faire chrétien une heure, afin de savourer les émotions sans rivales d'un vague et délicieux mysticisme. Il pouvait être bienfaisant parfois pour jouir du bonheur que donne la bienfaisance. C'était un homme tout de sensations, qui savait extraire une jouissance de chaque chose et de chaque événement ; un homme capable à la fois du bien et du mal : généreux par caractère, franchement enthousiaste par nature, mais égoïste par occasion, froid par calcul, et d'humeur à vendre l'univers pour un quart d'heure de plaisir.

Et l'énergie que d'autres dépensent pour se rapprocher d'un but constant, unique et dès long-temps convoité, il la prodiguait, lui, pour effleurer une jouissance éphémère, pour se passer une fantaisie, pour satisfaire un caprice; le caprice satisfait cédait sa place à un nouveau désir, et alors c'étaient d'autres efforts, toujours couronnés de succès, parce qu'ils étaient puissans, mais toujours suivis d'une lassitude apathique à laquelle succédait une dévorante activité.

Bien que son existence n'eût été jusque alors qu'une longue suite de passions assouvies et de caprices réalisés, son cœur et ses organes avaient conservé une sensibilité virginale. Il prenait l'amour à petites gorgées, comme un gourmet hume son vin; sa haine, quand par hasard il haïssait, lui était chère; il n'eût point voulu de ces brutales vengeances dont les blessures s'adressent au corps et se font avec l'acier d'un poignard. Mais il était trop fort pour avoir souvent occasion de haïr. Ceux qui ne le connaissaient point l'admiraient et l'aimaient; ceux qui le connaissaient ne savaient pas lui résister et courbaient le front sous sa volonté de fer.

Ce jour-là, il avait caprice de rêverie, et s'en donnait à cœur joie. La poésie débordait autour de lui : il savourait la poésie comme un rhétoricien ou une femme auteur. Le lendemain il eût souri de dégoût en songeant à son bonheur de la veille.

Les congréganistes avaient entonné leur dernier psaume. Notre rêveur, sentant qu'on allait éloigner la coupe de ses lèvres, voulait n'y point laisser une goutte : il s'étendit sur un banc pour regarder et écouter mieux.

En s'asseyant, il crut entendre un léger bruit derrière lui, et n'y prit point garde autrement; mais bien peu de chose suffit pour faire virer sur son axe de brume cette girouette qu'on nomme la rêverie. Insensiblement, et sans qu'il s'en doutât, d'autres idées envahirent le cerveau de notre inconnu. L'immense nef, ténébreuse et solitaire, s'offrit à lui tout-à-coup sous un aspect lugubre. Les derniers bruits de la musique sacrée lui semblèrent propres à étouffer un râle d'agonie. L'ombre pouvait cacher des malfaiteurs, et pendant qu'on priait Dieu là-bas, au milieu des lampes et des cierges allumés, Satan veillait peut-être dans la nuit, et guidait en riant les pas cauteleux d'un assassin.

Il donnait son esprit à ces nouvelles pensées, lorsqu'un autre bruit, léger encore, mais plus voisin, vint frapper son oreille. C'était comme le frôlement d'un corps contre la natte. L'inconnu demeura immobile; mais le rêve s'envola, et son esprit, rendu subitement au domaine de la réalité, examina froidement sa situation. Par un mouvement lent, continu, imperceptible, il tourna la tête, et vit une masse noirâtre s'avancer vers lui en rampant.

— Ce drôle m'a volé mon idée, pensa-t-il;
— il veut m'assassiner.

Il ne bougea point encore, et attendit ; au bout de quelques secondes, l'individu qui rampait ainsi, et qui était l'homme mal vêtu, se releva brusquement et fit un bond en avant ; — mais son couteau, supérieurement dirigé pourtant, ne frappa que le dossier d'un banc. L'inconnu s'était prestement effacé. Quand l'assassin voulut se redresser, il sentit son poignet serré comme par un étau.

— Ouf ! fit-il en laissant échapper un douloureux gémissement ; — je croyais qu'il n'y avait au monde qu'un poignet comme celui-là !

Il approcha son visage de celui de l'inconnu. Leurs yeux étaient habitués à l'obscurité ; ils se reconnurent en même temps.

—Bob-Lantern! murmura notre beau rêveur.

— Grâce! Votre Honneur! s'écria l'assassin en tombant à genoux. — Je ne vous avais pas reconnu.

Son Honneur lâcha le bras de Bob-Lantern. Ce dernier joignit aussitôt les mains en suppliant.

—Mon bon maître, dit-il, mon bon monsieur Edward, avec cet habit-là, vous avez la taille fine comme une demoiselle... Je ne vous reconnaissais pas.

— Est-ce une raison pour assassiner.... dans une église!

— J'avais faim, mon bon monsieur... vous ne donnez pas souvent, et la vie est durement chère à Londres... si c'était comme là-bas, en Ecosse...

— Silence! dit impérieusement M. Edward; — que font tes camarades?

— Pas grand'chose... la vie est durement chère...

— Venez demain, on vous paiera; mais, par le diable, plus de mauvais coup comme cela, maître Bob!

M. Edward s'achemina vers l'arrière-chœur. Bob le suivit, les mains dans ses poches, de l'air d'un chien que vient de corriger son maître.

De guerre las, Stephen avait regagné l'abside où la congrégation se préparait au départ. Ce fut avec une inexprimable surprise qu'il vit l'inconnu revenir, escorté par l'homme mal vêtu. Le danger passé, toutes ses idées de dépit et de haine reprirent le dessus, et il se repentit presque de ses inquiétudes.

M. Edward ne méritait plus en ce moment qu'on lui appliquât cette épithète de rêveur que nous lui avons si souvent donnée. Il marchait le front haut et la taille cambrée, comme un homme dégagé de toute préoccupation. Il s'arrêta un moment devant les congréganistes, et, jetant le gant avec lequel il avait touché Bob-Lantern, il entreprit la longue et difficile opération de faire entrer ses doigts dans un autre.

Bob ramassa le gant et le mit dans sa poche. C'était une pauvre prise ; mais il y a des gens qui n'aiment pas à voir se perdre une épingle, et Bob-Lantern était homme à ramasser dans les poches d'autrui plutôt que de ne rien ramasser.

Tout en mettant son gant, M. Edward avisa la charmante quêteuse qui lui était apparue au sortir de son rêve, mais il n'aperçut point Clary, dont le regard ne le quittait pas un instant. Stephen, lui, par contre, ne voyait que Clary, et la jalousie lui faisait bouillir le sang.

Avant de partir, M. Edward mit le binocle à l'œil.

— Elle est décidément ravissante, murmura-t-il, en faisant signe à Bob de s'approcher.

Quand Bob fut à portée, il se pencha à son oreille et dit :

— Tu vois bien cette jolie enfant, là-bas, près de la chaire ?

— J'en vois plusieurs.

— La plus jolie.

— C'est suivant les goûts.

— Celle qui ferme son livre de prières.

— La quêteuse ?

— Précisément.... Tu vas la suivre, et demain tu m'en diras des nouvelles.

Bob-Lantern fit un signe affirmatif, et M. Edward ayant achevé de mettre son gant, effectua sa retraite. Il passa tout près de Stephen, mais il ne prit pas garde au haineux regard que lui jeta le jeune médecin. Clary le suivit des yeux jusqu'à la porte.

A peine était-il parti, que Stephen s'élança vers Bob-Lantern.

— Le nom de cet homme? dit-il.

— Quel homme? demanda Bob au lieu de répondre.

— L'homme qui vient de vous parler.

— Ce n'est pas un homme, dit Bob avec emphase, c'est un monsieur.

— Son nom ?

— Je n'en sais rien.

Stephen plongea ses doigts dans sa poche et en retira un souverain, qu'il fit glisser dans la main de Bob-Lantern.

— C'est différent, dit ce dernier, qui mit la pièce d'or en lieu sûr ; — vous voulez savoir son nom ?

— Oui ; dépêche !

— Je n'en sais rien.

Puis, exécutant cette manière de révérence qui est, par tout pays, le mode de remerciement des gueux, il ajouta :

— Que Dieu vous bénisse ! mon jeune gentleman.

Et il disparut.

III

L'AVÉNEMENT D'UN LION.

Ce même soir, il y avait bal à Trevor-House. Lord James Trevor, grand seigneur de naissance et de fortune, avait joué un fort brillant rôle politique quelques années auparavant. Depuis l'avénement du ministère whig, il s'abstenait, et ses salons étaient le rendez-vous des notabilités du parti tory. Il était veuf et vivait avec sa sœur, lady Campbell, laquelle s'était bénévolement chargée de l'éducation de miss Mary Trevor, fille unique du comte.

Lady Campbell avait été charmante en 1820. En 183., époque où se passe notre histoire, elle avait perdu une notable portion de sa beauté, mais non point le désir de plaire. Ce désir ne se traduisait point chez elle en ces façons mignardes et grotesques dont nos romanciers diplomates, qui sont de fins observateurs, affublent les coquettes du grand monde. Elle ne jouait pas de l'éventail plus qu'il n'était besoin pour se rafraîchir le visage;

elle ne roulait pas à tout propos de languides et surprenans regards ; elle ne condamnait point ses intimes à l'entraîner dans le rapide tourbillon de la valse. Sa coquetterie était autre et plus adroite. Femme d'esprit et d'excellent goût, elle avait jeté bas de bonne foi toute prétention extérieure à la jeunesse. Si bien que, à l'encontre du reproche qu'on fait d'ordinaire aux femmes de son âge, on était tenté de formuler contre elle cette invraisemblable accusation :

— Lady Campbell se vieillit !

Ce qui est une preuve éclatante, quoique détournée, de l'éternelle vérité de cette promesse de l'Ecriture : Quiconque s'abaisse sera relevé !

Mais il ne suffit pas de se vieillir pour se faire pardonner de n'être plus jeune. Un écueil se présente qu'il faut nécessairement éviter sous peine d'être et de rester vieille de fait. Lady Campbell avait reconnu de loin cet écueil, et l'avait doublé en pilote accompli. Tout en s'abstenant des plaisirs de la jeunesse, elle les comprenait, elle les exaltait, et savait même au besoin avouer d'une façon charmante ce qu'elle appelait ses regrets, de sorte qu'on se demandait pourquoi elle prenait de si bonne heure sa retraite : question rare et flatteuse.

Lady Campbell était donc, dans le monde où elle vivait, une femme à part et dont l'âge restait hors de discussion ; elle trônait au milieu d'un cercle choisi, dont elle était la reine et l'oracle. Ses cavaliers servans étaient la fleur des jeunes gens à la mode. Quoi qu'elle pût faire, on ne la respectait point, on l'aimait.

C'était un glorieux résultat, mais peut-être l'honneur n'en devait-il point être attribué tout entier aux savantes manœuvres de lady Campbell. Indépendamment de sa puissance d'attraction, il y avait près d'elle un aimant dont nous ne devons point mettre en oubli le pouvoir.

Miss Mary Trevor avait dix-huit ans ; elle était belle de cette beauté suave, mais frêle et comme effacée, dont le type se trouve reproduit souvent dans les toiles de notre Reynolds, et qu'on entrevoit parfois derrière les stores d'un équipage blasonné ou sous la voûte noble de Westminster. Sa taille était haute et se courbait légèrement en avant, pour être trop élancée. Une blancheur diaphane et nacrée formait le fond de son teint, qui s'animait parfois d'une légère nuance rosée, mais n'atteignait jamais ce coloris, brillant symptôme de vigueur et de santé, que les connaisseurs appellent : *de la fraîcheur,* et les Français : *la beauté du diable.* La transparence de son teint se remarquait surtout autour des yeux, où elle prenait un pâle reflet d'azur, au milieu du front et sur les tempes, où elle laissait voir un écheveau délié de petites veines bleues. Ses cheveux blonds, d'une finesse extrême, tombaient en légères boucles le long de sa joue. Ses yeux, d'un bleu tendre, se fermaient fréquemment à demi et semblaient alors nager dans un milieu humide et scintillant. Son sourire était celui d'un enfant, mais quand elle devenait sérieuse, une ride, tremblante et ténue, touchait de chaque côté le bout de ses lèvres et donnait à sa bouche une expression de dédain.

Miss Mary était ainsi par nature; l'éducation lui avait donné de nouveaux charmes. Elle savait parler et se taire; chacun de ses mouvemens dévoilait une grâce inaperçue; quoi qu'elle fît, elle faisait bien et à propos. Timide autant qu'il faut et ignorant d'ailleurs ce que les femmes n'ont pas besoin de savoir, elle avait appris à paraître douter de soi-même, ce qui est la modestie des gens orgueilleux;

elle avait appris aussi à ne jamais douter de la valeur d'autrui, à ne point mentir, sauf dans les cas d'urgence, et à prolonger son sourire long-temps après qu'est oublié le mot qui l'a fait naître.

Miss Mary était l'ouvrage de lady Campbell. Faible d'esprit comme de corps, elle avait été entre les mains de son habile tante une argile molle et douce à modeler. Lady Campbell était avec raison fière de son œuvre et jalouse outre mesure du despotique pouvoir qu'elle exerçait sur sa nièce.

Miss Mary était fille unique. Son père avait trente mille pounds sterling de revenu, au dire du plus grand nombre, mais quelques uns affirmaient que le chiffre réel de son revenu allait beaucoup au delà.

On doit penser que l'héritière de cette fortune, qui, pauvre, aurait pu être aimée pour elle-même, ne manquait point d'adorateurs. Deux ans auparavant, en effet, à l'époque de sa première entrée dans le monde, elle avait été entourée tout d'abord d'une innombrable cour. A l'apparition d'un astre nouveau, chacun, si humble qu'il soit, se sent venir espoir : on a vu l'amour faire tant de miracles ! Mais à mesure que l'astre s'élève sur l'horizon, le cercle s'éclaircit. Les humbles se rendent justice, à moins qu'ils ne préfèrent jaunir de tendresse à distance ; il ne reste plus que les forts. Puis, entre les forts, la lutte s'établit. Ce serait un beau spectacle, s'il n'était commun et visible gratis dans tout salon où se trouve une héritière.

La lutte entre les forts a un résultat : la jeune fille choisit, ou sa famille pour elle. Alors les rangs se resserrent de nouveau ; les ambitions vaincues se taisent ; les humbles et les forts redeviennent égaux ; tous ont part aux rayons de l'astre, car l'astre, pour être désormais la propriété d'un seul, entre de droit dans le domaine de tous.

L'existence mondaine de miss Mary avait régulièrement suivi ces phases diverses. Le fort entre les forts avait été un jeune homme de fortune modeste, mais d'origine princière, fils cadet de feu le lord comte de Fife, et qui portait le nom de Frank Perceval. Miss Mary, ou plutôt lady Campbell, le distingua, et tout le monde crut la bataille finie; mais tout à coup survint un nouveau champion qui rétablit la lutte et la mena rondement.

Aussi, faut-il le dire, ce champion n'était rien moins que Rio-Santo en personne.

La mode à bâti parfois d'étranges fables auxquelles se laisse prendre le vulgaire. Ainsi, pour citer un exemple, Londres et Paris ont cru naguère à l'existence de ce mythe qu'on appelait M. de Montrond. Les journaux en parlaient, beaucoup de gens prétendaient l'avoir vu, qui aux Tuileries, qui chez M. de Metternich, qui dans Apsley-House, à la table du duc de Wellington, qui enfin dans quelque taverne borgne.

Il était lié avec toute la diplomatie européenne et fréquentait tous les usuriers de l'univers.

C'étaient d'audacieuses inventions, voilà tout. Les meilleurs historiens révoquent en doute depuis mil huit cent quarante-trois l'existence de M. de Montrond et de son valet fantastique, qui était en même temps son propriétaire. Un curieux Mémoire, qui doit être soumis sous peu à *Royal Society of litterature,* ne laissera aucun doute à cet égard.

Mais tout le monde a connu, en 183., le marquis de Rio-Santo, l'éblouissant, l'incomparable marquis. Tout le monde se souvient de sa magnificence orientale ; tout le monde a pu savoir qu'il dépensait quatre millions chaque *saison,* quatre mille livres sterling par mois, et qu'il n'était point juif cependant !

Une année, avril vint sans que Rio-Santo fût installé dans son palais de Pall-Mall, avril, puis mai. Le jockey's-club se voila la face comme un seul sportman ; Hyde-Park prit le deuil, et le corps de ballet d'Italian-Opéra-House dansa un pas funèbre en son honneur. Etait-il mort? était-il ruiné? Nul ne pouvait le dire ; nul ne l'a jamais su. Et après tout, qu'importe? Les gens comme Rio-Santo ont-ils besoin de vivre long-temps? Ils passent un jour, une année dans une cité, puis ils s'en vont ; mais leur souvenir reste. Les gens qui portent des cravaches se découvrent avant de prononcer leur nom ; quand on parle d'eux, les ladies baissent les yeux en ébauchant un mélancolique sourire.

Le plus grand nombre pense que Rio-Santo reviendra quelque jour. Nous ne sommes point en mesure de donner aujourd'hui notre opinion à cet égard.

Toujours est-il qu'en 183., Rio-Santo arriva de Paris, où il avait été pendant quatre ou cinq hivers de suite le roi du fashion. Il arriva suivi de son armée de laquais, de ses écuries, dont le moindre cheval valait trois ou quatre coursiers du célèbre pseudonyme, comte de Cambis, de ses meutes royales et de plusieurs douzaines de baronnes qui se mouraient de rêverie pour l'amour de son teint pâle et de ses fulgurans yeux bleus.

D'ordinaire Londres ne s'émeut qu'à bonnes enseignes. Les princes étrangers, les fils d'empereurs y passent parfaitement inaperçus ; les ténors les plus prodigieux y opèrent le transit de leur *ut* de poitrine sans exciter la moindre révolution. Pour faire beaucoup d'effet dans cette ville surprenante et civilisée, il faut être osage, bayadère ou pour le moins bélier à quatre cornes. Rio-Santo n'était rien de tout cela. Ce n'était qu'un marquis. Pourtant, trois jours après son arrivée, à tous les étages de toutes les maisons de toutes les rues de Londres, il faisait l'objet de toutes les conversations. Les palais de West-End parlaient de lui ; les boutiques d'Holborn et du Strand faisaient de nombreux cancans sur sa personne, les échoppes de Bishop's-Gate retentissaient de son nom estropié. Il était le sujet des conversations à Saint-James, dans Clare-Market, à Richmond et dans les bouges de Smithfield.

Et cependant personne ne pouvait se vanter d'avoir vu ce fameux marquis de Rio-Santo, dont tout le monde s'entretenait. Il passa dans la solitude de sa magnifique maison de Pall-Mall les trois ou quatre premiers jours qui suivirent son arrivée en Angleterre. Mais qu'importait cela? Il y avait dans les salons de l'une et l'autre aristocratie une vingtaine de jeunes seigneurs, merveilleusement couverts, qui chantaient ses louanges sur tous les tons et racontaient de lui des histoires à faire tomber un raout en syncope. Il y avait dans des réunions bourgeoises et jusque dans les sociétés d'arrière-boutique d'honnêtes demi-lions, jolis adolescens ornés d'éperons, mais maniant l'aune, qui génufléchissaient au nom respecté de l'illustre marquis ; enfin, au fin fond des tavernes, il y avait d'ignobles drôles qui, entre deux verres de gin, estropiaient ce même nom. Pourquoi cela ? nous ne saurions le dire.

Or, quand les hommes parlent, les femmes enchérissent et caquettent. De là cet assourdissant concert qui, du salon, de l'antichambre, de la boutique et de la mansarde, envoya au ciel nuageux de Londres le nom mille fois répété de Rio-Santo.

Et chacun se représentait ce mystérieux marquis suivant la pente naturelle de ses idées. Les maris, trompés par son nom et sa réputation, s'attendaient à lui voir le manteau rouge de Fra-Diavolo, ou tout au moins le feutre à plume de don Juan. Les femmes dotaient son visage inconnu de ce je ne sais quoi fatal que le fretin des romanciers donne à ses pauvres diables de héros. Les jeunes filles le voyaient en songe avec un œil rêveur, un front ravagé, un nez d'aigle et un sourire infernal, mais divin. Les vieilles servantes enfin se figuraient qu'il avait trois bagues de similor à chaque doigt, une canne en rhinocéros et des breloques valant trois mille livres sterling.

On doit penser combien ce mystère et cette incertitude ajoutaient au désir que chacun

avait de connaître le marquis de Rio-Santo.
Ce désir pourtant ne dépassait pas une certaine latitude sociale. Les gens de bas lieu, en effet, se contentent d'admirer de confiance les rois de la mode ; lorsqu'un courtaud aperçoit par hasard *le lion*, — nous disons *le lion* parce que ce monarque est toujours unique, et que les personnages communément appelés ainsi par le vulgaire nous semblent être tout au plus d'assez laids épagneuls, — il le méconnaît et passe, n'ayant point ce qu'il faut pour apprécier ses redoutables perfections ; la bonne envie que chacun avait de voir enfin Rio-Santo restait donc concentrée surtout dans l'aristocratie, et débordait seulement un peu sur le haut commerce. Comme s'il n'y eût

point eu encore assez de motifs de curiosité, la politique se mit de la partie. Un bruit vague se prit à circuler dans les clubs ordinairement bien informés. On disait que le grand marquis était un envoyé secret d'une cour étrangère de premier ordre. Sa mission était, assurait-on, confidentielle et des plus importantes. Au reste, nul ne pouvait affirmer positivement le fait; mais, justement à cause de cela, le fait passa pour positif et matériellement prouvé.

Aussi ce fut à qui des whigs ou des tories aurait sa première visite. Trente invitations se croisèrent, signées de noms renversans et dont le moindre avait derrière lui un palais et des millions. Rio-Santo ne se pressa point de choisir. Il se laissa désirer le temps convenable ; puis un soir, après sa première excursion à Richmond, il se fit conduire à Derby-House.

Lady Ophélia Barnwood, comtesse de Derby, était veuve d'un chevalier de la Jarretière. Sa fortune aurait pu rivaliser avec la fortune des premiers banquiers de Thames-Street; elle avait vingt-cinq ans et passait pour la plus charmante femme de King's-Road, qui est une rue très longue et toute peuplée de femmes charmantes.

Lorsqu'on annonça Rio-Santo, il courut une émotion muette parmi le double rang de femmes qui bordait les salons de la comtesse de Derby. Le premier rang frémit d'une délicieuse curiosité, le second rang, — la tapisserie, — avança ses cinquante visages de douairières par dessus les frais minois du premier, à peu près comme fait la seconde ligne mettant le fusil en joue sur l'épaule du chef de file dans les feux de pelotons. Rio-Santo entra. On le trouva bel homme; mais il y eut çà et là quelques petits désappointemens, parce que son ensemble n'était point suffisamment romanesque. De prime abord, on s'étonna que ce marquis, irréprochable à coup sûr, mais n'ayant rien de précisément extraordinaire, eût pu enlever pendant trois ans à notre compatriote lord S*** le sceptre, ou mieux, la cravache du fashion parisien; on eût voulu lui voir une cravate plus ineffable, une démarche plus poétique, un regard plus impossible à définir. En somme, la première impression ne répondit pas tout à fait à l'attente générale. — Mais Rio-Santo parla. Le charme opéra d'autant mieux et plus vite, qu'il y avait eu contre ses séductions annoncées une sorte de réaction préalable. Les jeunes ladies laissèrent aller leur cœur au courant de sa parole électrique, et la tapisserie regretta le temps heureux où elle pouvait être électrisée.

Il y a de par le monde un préjugé stupide entre tous les préjugés. On s'imagine que, pour être roi de la mode, il suffit d'être riche, beau, ferme sur la hanche, frivole de caractère et spirituel assez pour dire de jolis riens. On se trompe du tout au tout. La royauté de la mode est élective ; ce trône-là ne se prend que par droit de conquête. Si l'on a vu parfois s'y asseoir des monarques fainéans, on compte, d'autre part, dans la liste princière du fashion, des noms que l'histoire prononce avec respect. Le premier lion connu, Alcibiade, n'était pas un personnage ordinaire. Plus tard,—et nous ne citons que plusieurs dandys romains tous pleins de mérites,—nous trouvons Clodius, nous trouvons César. Plus tard encore, nous rencontrons François de France, le roi chevalier, Essex, W. Raleigh, Walpole, lord Byron; et, de nos jours, l'homme de Londres, le comte d'Orsay, ne passe-t-il pas parmi les gens qui s'y connaissent pour une des têtes les plus vigoureusement organisées de notre siècle ?

On dut reconnaître bientôt que Rio-Santo était un esprit d'élite. Il savait causer, ce qui est rare, mais il savait parler aussi. Son intelligence, souple et forte, embrassait tout. C'était un homme grave et c'était un homme brillant. Son éloquence, pour peu qu'il le voulût, pouvait ne point tarir, et cependant il avait au suprême degré cet art qui est le premier de tous : l'art du silence.

En même temps, on fut ébloui du faste royal qu'il déploya, non pas en escompteur enrichi, mais en véritable grand seigneur.

De sorte que, au bout de quelques semaines, Rio-Santo fut à Londres ce qu'il avait été à Paris, l'homme par excellence, le roi, le dieu.

Vers l'époque de son arrivée en Angleterre, quelques nouvelles figures s'étaient introduites dans le grand monde, c'étaient tous gens de bon lieu, portant noms qui sonnaient comme il faut et menant un noble train de vie. Nous citerons, parmi ces nouveau-venus, le major Borougham, sir Paulus Waterfield, le docteur Muller, le cavalier Angelo Bembo. Ces messieurs connaissaient tous plus ou moins le marquis, qu'ils avaient vu soit à Paris, soit ailleurs, mais aucun d'entre eux ne semblait être admis dans son intimité.

La première maîtresse de Rio-Santo à Londres fut, dit-on, la comtesse de Derby. Jusque-là lady Ophélia avait eu la réputation la plus enviable pour une jeune veuve. C'était, selon le sentiment général, une femme de merveilleux goût, d'esprit fort délicat, mais de cœur sec; une coquette enfin, des plus dangereuses et des moins attaquables. C'était en outre, car la coquetterie n'exclut rien quand on sait s'en servir, c'était une femme de principes choisis, pensant haut et bien, dévote autant qu'il faut l'être, et portant sans reproches le nom de feu son époux, l'un des plus nobles et beaux de la vieille monarchie anglaise. Dans le monde où tant de médisances se croisent avec tant de calomnies, lady Ophélia avait passé invulnérable; nulle tache, si petite qu'elle fût, n'avait terni le miroir vierge de sa renommée. Les hommes l'aimaient et la craignaient, ses rivales l'enviaient et la haïssaient. Rio-Santo vint : l'existence de la comtesse s'enveloppa tout-à-coup d'un mystère inaccoutumé, que les langues méchantes ne tardèrent pas à rendre suspect; elle eût pu se défendre, c'est-à-dire lever le voile et donner comme autrefois chaque heure de ses jours aux regards de la foule. Mais il était vrai ; elle aimait Rio-Santo, elle l'aimait de l'amour qu'inspirait à coup sûr ce terrible don Juan : amour fougueux, jeune, étourdi, sans prudence...

Rio-Santo, lui, aimait fort et vite. Sa passion brûlait trop pour durer. Il jeta aux pieds de lady Ophélia son cœur qui était sincère, son génie un moment dompté, son être entier, plus que son être, car il lui promit l'avenir. Mais Rio-Santo, s'il ne mentait jamais, se trompait, hélas! bien souvent. Il se donnait à l'amour sans réserve comme ces enfans qui prodiguent leurs jouets à leurs compagnons de plaisirs, pour ensuite les reprendre. Rio-Santo reprenait ainsi tout ce qu'il avait donné à l'amour. Et il n'avait pas plus de remords que ces enfans dont nous venons de parler, parce qu'il était toujours de bonne foi.—C'était, comme diraient certains poètes, une magnifique nature.

Mais que Dieu vous garde, misses et miladies, de la rencontre de Rio-Santo!

IV

COMMENT L'AMOUR VIENT EN RÊVANT.

Tont Londres fashionable s'occupa pendant une semaine du mariage de Rio-Santo avec lady Ophélia Barnwood, comtesse de Derby.

C'était un couple très bien assorti. Néanmoins, le mariage n'eut pas lieu. Rio-Santo déclara tout haut qu'il avait échoué. Quelques uns ajoutèrent foi à cette déclaration, d'autres pensèrent qu'il avait trop réussi.

Rio-Santo était alors tout à fait acclimaté dans notre capitale. La supériorité fantastique que lui avait d'abord prêtée la renommée, avait subi l'épreuve. Il était décidément digne de sa gloire. Les salons se l'arrachaient. C'était avec acharnement qu'on se disputait sa personne. Il y avait des femmes charmantes de banquiers millionnaires qui se seraient compromises avec joie dans le légitime espoir de rendre jalouses les fières châtelaines de Belgrave-Square. La rivalité de coterie à coterie prenait tous les caractères d'une passion. Le marquis passait, calme et serein, entre ces inimitiés profondes. Il fréquentait le West-End, parce que les mœurs du quartier noble caressaient doucement les penchans aristocratiques de sa nature ; mais il ne dédaignait point la Cité. En somme, l'éclectisme n'est mauvais que dans la pédante et niaise philosophie de nos colléges ; c'est un mot peu gracieux, mais nécessaire. La chose qu'il exprime est au fond de tout cœur voulant et sachant vivre. Entendu comme il faut, il n'exclut rien, pas même cette loyauté rigide et chevaleresque qui meurt pour la couleur d'un drapeau ou l'émail d'un écusson : car nous ne prétendons point parler d'autre chose que de l'éclectisme sensuel qui prend son bonheur où il le trouve. Celui-là seul est une réalité. Hors de ce cercle, et dès qu'il ne s'applique plus au plaisir, nous disons : fi de l'éclectisme ! Dans les arts, il est balourdise ou pâleur; en politique, mensonge ou doctrine, ce qui est tout un; en religion, erreur et impiété; en philosophie, faiblesse et néant.

Rio-Santo n'était ni membre du parlement, ni artiste, ni professeur, il était peut-être pis que cela, mais du moins échappait-il à ces trois travers. Pour tout dire, il n'était rien de tout ce qu'on a coutume d'être dans notre société étiquetée comme une boutique d'apothicaire. Cela lui donnait incontestablement le droit de faire comme l'abeille : de choisir sans exclure.

Il avait pour métier ostensible d'être marquis, riche à millions et tout pétri de distinction. Nous ne savons pas de plus adorable métier que celui-là. Impossible de dire la prodigieuse dépense d'esprit et de diplomatie que firent les deux camps politiques pour, chacun, l'attirer à soi. Il y eut des jeunes ladies qui se dévouèrent en vraies Romaines ; il y eut des ladies d'un certain âge qui combinèrent des plans miraculeux. Une whiggesse de lettres fut jusqu'à lui proposer, à mots couverts, de l'illustrer à l'aide d'un roman en quatorze parties de six volumes in-octavo chacune. Rio-Santo apprécia le dévoûment des jeunes ladies, ignora les plans des douairières, et fit don d'une pipe de Turquie à la whiggesse de lettres, en la priant d'illustrer tout le monde, excepté lui.

Il menait cependant la vie la plus rigoureusement fashionnable qu'on puisse imaginer. Lui seul donnait despotiquement le ton pour toutes choses. On citait ses mots avec une componction véritable. Quant il n'en laissait point échapper par hasard, de bonnes âmes se faisaient un devoir de lui en prêter. En parlant de lui, on était toujours sûr d'intéresser les femmes, et certains séducteurs émérites inventaient sur son compte de ravissantes histoires qu'ils allaient essayer, en guise de fausses clés, à la porte de tous les boudoirs.

On l'affubla d'un nombre si exorbitant de bonnes fortunes, que le compte en passait toute vraisemblance. Mais il était discret, faut-il croire, car chaque aventure racontée gardait ce demi-voile d'incertitude nécessaire au succès d'une anecdote, et jamais on ne put citer aucune preuve convaincante à l'appui des jolies médisances dont il était le héros.

Règle générale : le lion qui vise au titre de bourreau des cœurs n'est pas un lion de franc aloi ; c'est inévitablement quelque quadrupède vulgaire, — un âne peut-être, — revêtu de la peau du roi des animaux. Or, le marquis de Rio-Santo était un lion véritable, le lion le plus lion qui fut jamais. Il aimait à ses heures et derrière le rideau, se gardant bien de publier des choses qui perdent leur charme à être divulguées. Faire autrement est agir en fat. Rio-Santo ne se posait sans doute point cet axiôme ; il le prenait pour règle de conduite à son insu et parce que le bien, tout le bien était en germe dans ce cœur héroïque. — Le mal y était aussi, mais seulement ce mal de fière essence d'où vient le crime hardi et les vices audacieux. Quant aux penchans de bas lieu, quant à ce qui est purement honteux ou mélangé d'infamie et de ridicule, Rio-Santo était sans reproche.

Après la comtesse de Derby, il aima d'autres femmes sans doute. Nous aurions fort à faire s'il nous fallait établir à la rigueur le bilan de ses équipées.

Un jour, il rencontra miss Mary Trevor, et il pensa que cette enfant pâle, aux traits effacés, à la beauté presque nuageuse, était une fort insignifiante personne. Peut-être même n'en pensa-t-il pas si long. Mary, elle, se sentit mal à l'aise en présence de cet homme dont la bizarre renommée repoussait ses instincts de timide faiblesse. — Une seconde fois ils se trouvèrent en présence. Miss Mary chanta. Sa voix douce, mais sans portée, effleura l'oreille de Rio-Santo comme un vain bruit. Rio-Santo parla. Son organe vibrant et grave affecta douloureusement l'ouïe de miss Trevor. Pourquoi? Mary n'aurait point su le dire.

Une troisième fois enfin, c'était à un concert dans les salons de lady Ophélia, Rio-

Santo ce soir-là était pâle, taciturne et jetait autour de soi, sans voir, ses yeux vaguement distraits. Miss Trevor, assise auprès de miss Diana Stewart, sa meilleure amie; dans une salle de jeu que n'avait pas encore envahie le bataillon des joueurs, causait tout bas. Diana était la cousine et avait été la compagne d'enfance de Frank Perceval, qu'un voyage retenait loin de miss Trevor, sa fiancée. Les deux jeunes fille, cela va sans dire, parlaient de lui. Rio-Santo, debout, appuyé contre une colonne en demi-relief dont la saillie le cachait à moitié, était à portée d'entendre et n'entendait pas. Mary lui tournait le dos et ne pouvait l'apercevoir. Insensiblement, les deux jeunes filles, qui d'abord avaient parlé tout bas, cessèrent de retenir leur voix, parce qu'elles se croyaient loin de tout indiscret écouteur. Leur conversation monta comme un murmure jusqu'aux oreilles de Rio-Santo. Il n'y prit point garde, et continua de rêver, profitant avec une sorte d'avidité de ce moment de répit que lui laissait l'attention curieuse de la foule.

Car Rio-Santo était un déterminé rêveur. Non content des jouissances sans nombre que lui prodiguait la réalité, il appelait souvent à soi les puissances soigneusement cachées de son organisation éminemment poétique, et, bercé par les fantômes évoqués, il se laissait glisser sur la pente de quelque beau songe. Il avait pour cela ses jours, et, parmi tous les bonheurs qu'il effleurait incessamment de sa lèvre sensuelle, ce bonheur était peut-être le plus chéri, le plus jalousement aimé. C'était avec délices qu'il sentait approcher l'heure de sa voluptueuse extase ; il s'y plongeait sans réserve et de tout cœur, trouvant, au fond, une ivresse calme et à la fois infinie, que les choses réelles ne savent point provoquer.

Il va sans dire que Rio-Santo ne choisissait point, d'ordinaire, le tumulte d'une fête pour s'endormir en ses illusoires voluptés, mais le concert et sa rêverie n'étaient point incompatibles pourtant. La mélodie de l'orchestre le conduisait en certaines galeries du palais féerique de son imagination, qu'il n'explorait point dans le silence. Ses songes étaient volontiers des souvenirs ; la musique faisait surgir ces souvenirs joyeux où passaient, comme de douces ombres, les vagues ressentimens de ce suave amour qui, le premier, fit battre le cœur et souffla sa chaude haleine sur l'indifférence des jeunes années.

En ce moment dont nous parlons, Rio-Santo rêvait, et il rêvait d'amour. Il voyait, dans ce lointain mirage que l'extase présente aux yeux de l'âme et qui semble une décoration théâtrale, il voyait une blonde enfant qui élevait vers lui son regard d'ange, confiant, tendre, timide. — L'orchestre accompagnait une mélodie, brodée sur l'un de ces motifs simples et touchans que trouvent dans leurs sauvages bruyères les bardes inspirés de la verte Irlande. On eût dit que cet air avait un rapport direct et réel avec la jeune fille du rêve, et après tout, cela était possible, puisqu'il s'agissait d'un souvenir. Le visage de Rio-Santo exprimait une sorte d'enchantement mêlé de mélancolie.

Lorsque l'orchestre couvrit de son dernier accord les dernières vibrations de la voix du chanteur, une larme filtra au travers des longs cils noirs demi-baissés de sa paupière.

— Marie, murmura-t-il; ma douce Marie !

— Pauvre Mary ! s'écria au même instant miss Diana Stewart, la jeune fille avec qui s'entretenait miss Trevor. Puis elle ajouta avec un petit éclat de rire :

— Tu l'aimes donc bien ?

A ce nom de Mary, Rio-Santo avait ouvert les yeux, et son regard était tombé d'aplomb sur le gracieux profil de miss Trevor. Les hommes, et, entre tous les hommes, ceux dont l'imagination sans frein ni règle a coutume d'errer où le caprice la conduit et de n'être jamais contrôlée, peuvent voir le même objet sous des faces diverses et même complétement opposées. L'impression du moment change, pour ainsi dire, le milieu à travers lequel ils regardent. Entre leur œil et ce qu'ils voient, il s'opère une sorte de réfraction mystérieuse qui peut embellir la laideur et qui peut enlaidir la beauté. Rio-Santo avait déjà vu miss Mary, et cependant il crut la voir pour la première fois. Peut-être le délicat et gracieux sourire de miss Trevor trouva-t-il sa place dans le rêve qui dominait Rio-Santo à ce moment ; peut-être quelque ressemblance éloignée vint-elle en aide à ce nom de Mary, pour porter au comble l'illusion du marquis. Pour cette raison ou pour d'autres, il sentit son cœur bondir et s'élancer vers cette charmante fille qui donnait à propos un corps à sa fantaisie du moment. Il la couva du regard comme une proie prochaine, et, gâté par le succès, il ne s'occupa même pas des moyens de triompher.

Miss Trevor avait hésité un instant avant de répondre à la question de Diana.

— Je suis triste depuis son départ et j'attends son retour avec impatience, dit-elle enfin.

Rio-Santo savoura lentement l'harmonie de cette voix qu'il avait dédaignée la veille. Il admira sa douceur ; la faiblesse de son timbre le charma, parce qu'elle fut chercher en un coin obscur de sa mémoire quelque corde au repos depuis des années, qu'elle fit vibrer et sonner une note oubliée.

Il fit un mouvement. Miss Trevor se retourna, et sa joue pâle devint pourpre, parce qu'elle devina que sa réponse avait été entendue. Puis, saisie de nouveau par cet instinct de terreur qui l'avait prise déjà à la vue du marquis, elle frissonna de la tête aux pieds et serra le bras de Diana.

— Viens, dit-elle, en entraînant son amie

étonnée vers les salons où se tenait le concert.

— Y avait-il un serpent derrière ton fauteuil? demanda gaîment miss Stewart.

— Il y avait un homme, murmura Mary.

Diana se retourna vivement à son tour et aperçut le regard ardent de Rio-Santo qui suivait la retraite de sa compagne. Elle devint sérieuse.

— Comme il te regarde! dit-elle avec une naïve envie. — De son œil jusqu'à toi, il y a comme un rayon de feu...

Mary trembla plus fort.

Rio-Santo quitta sa colonne et vint s'étendre dans le fauteuil occupé naguère par miss Trevor. Il y resta long-temps et ne rentra dans le concert que lorsque la foule des joueurs fit irruption dans la salle.

— Pauvre Marie! murmura-t-il en se levant ; depuis, je n'ai point aimé ainsi...

Quelques jours après, Rio-Santo fut présenté à lady Campbell et à lord Trevor. Lady Campbell était précisément faite pour apprécier toutes les qualités du beau marquis ; elle fut flattée de l'initiative qu'il avait prise auprès d'elle et prévit que son importance mondaine allait s'en augmenter considérablement. Trevor-House devint en effet tout-à-coup à la mode. Tout le monde y voulut être présenté, et les jeunes gentilshommes que nous avons vu arriver à Londre presque en même temps que Rio-Santo, furent des premiers à solliciter cet honneur. Certes, le major Borougham, le docteur Muller, sir Paulus Waterfield et le beau cavalier Angelo Bembo étaient gens à ne trouver nulle part porte close.

A peine introduits chez lord Trevor, ils environnèrent lady Campbell et lui firent une cour assidue. Ces quatre gentilshommes n'étaient point sans avoir entre eux ces liaisons superficielles et d'occasion qu'on noue si aisément dans le monde, mais il ne régnait parmi eux aucune intimité apparente. Néanmoins, on aurait dit qu'ils se fussent donné le mot pour faire auprès de lady Campbell les affaires de Rio-Santo. C'était peut-être le hasard...

Rio-Santo, du reste, n'avait nullement besoin d'aide. Plus une femme était spirituelle, et moins elle avait chance d'échapper aux séductions de son esprit ; or, nous croyons l'avoir déjà, lady Campbell, en fait d'esprit délicat et choisi, ne le cédait à personne. Elle fut vite et bien subjuguée. Au bout de quelques jours, elle regarda Rio-Santo comme un ami de famille ; au bout d'un mois, elle ne vit plus que par ses yeux. Comme lady Campbell était, de fait, la tête de la maison de son frère, tout le monde y subit, plus ou moins, l'influence du marquis, tout le monde, miss Trevor elle-même.

Nous devons dire néanmoins que Rio-Santo n'agit point directement sur miss Mary Trevor. Ce fut lady Campbell qui prit la peine, à son insu, de solliciter le malléable cœur de sa jolie nièce. Cette femme aimable, en effet, toute pleine des perfections du marquis, ne pouvait se taire. Sa chaude amitié, son admiration se faisaient jour par tous les pores. Elle présentait Rio-Santo à sa nièce comme un sujet d'étude, un motif d'analyse, un dernier type, qui, connu, compléterait sa science du monde. -- Il était bon, disait-elle, bon, quoique supérieur, ce qui fait de la bonté une chose sublime; il faisait le bien, lui, si puissant pour le mal! Chaque mois des sommes énormes tombaient de sa main dans la bourse de quelque agent discret, et des centaines de malheureux avaient du pain... Il était inconstant, léger en amour; qui disait cela? Des rivaux? mensonge! Des femmes? rancune! Et d'ailleurs pourquoi le fatiguait-on de tant d'hommages? Devait-il, de bon compte, faire sérieux état de toutes ces faveurs effrontément prodiguées?...

Et mille autres choses encore. — Si bien que miss Trevor eut honte et regret de sa frayeur passée. Elle prit pour Rio-Santo une sorte d'admiration à laquelle se mêlait encore une crainte indéfinissable, mais qui n'était plus de la répulsion.

Elle savait que Rio-Santo l'aimait. Lorsqu'une femme sait cela, et que de l'aversion elle passe néanmoins à quelque chose de mieux que l'indifférence, on peut, suivant la croyance commune des observateurs au demi-cent, parier qu'elle aimera. C'est une question de temps. Nous verrons bien si, avec miss Mary, nos observateurs eussent doublé leur enjeu.

Il se répandit une fois dans Londres un bruit extravagant et dénué de toute vraisemblance. Ce bruit fit hennir le jockey's-club à gorge déployée, et pâmer tout ce qui pouvait prétendre au titre de gentleman d'un bout de la ville à l'autre. Les femmes en causèrent avec leurs sigisbés, les maris avec les amies intimes de leurs femmes, les grooms en baragouinèrent entre eux.

Rio-Santo, disait-on, **voulait se marier.**

Se marier comme le plus simple des mortels, faire une fin, briser son sceptre, couper ses éperons, changer sa poésie en prose, mettre un bonnet de coton par dessus sa couronne.

C'était maladroitement inventé, ridicule, impossible! — C'était vrai.

Lorsque ce bruit se répandit, Rio-Santo avait demandé la main de miss Mary Trevor.

Contre son habitude, il avait rencontré plusieurs obstacles dont le moindre n'était pas à dédaigner. D'abord lady Campbell, qui était la loyauté même, refusa, malgré sa bonne envie, de prêter son aide au marquis. L'amour mutuel de Frank Perceval et de sa nièce était son ouvrage ; elle avait laborieusement préparé leur union. Abandonner les intérêts de Frank absent eût été trahison toute pure, et lady Campbell en était incapable. En second lieu, lord James Trevor, vieux gentilhomme à la foi chevaleresque, avait donné sa parole à Frank. En troisième lieu enfin, miss Trevor aimait ce même Frank Perceval.

Aussi le marquis essuya-t-il un refus triplement motivé.

Il ne s'émut point trop à l'intérieur, parce que sa longue habitude du succès ne lui permettait pas de désespérer ; mais il appela sur son visage une morne tristesse, baisa la main de lady Campbell avec découragement et se retira précipitamment comme un homme qui craint de se montrer faible contre le malheur.

En regagnant sa maison, il disposa dans sa tête la plus éblouissante corbeille de mariage qu'imagination surexcitée de jeune fille coquette ait jamais pu rêver.

Lady Campbell était désolée. Elle se repentait amèrement d'avoir donné sa parole à Frank, qui était un homme fort distingué assurément, mais qui n'était rien, comparé à Rio-Santo. Mais les regrets sont chose oiseuse au dernier point, et lady Campbell n'avait pas coutume de perdre son temps. Elle s'ingénia; ce fut en pure perte; elle chercha des moyens et n'en trouva point. — Heureusement les femmes d'esprit subtil ont toujours à leur service une suprême ressource, celle de se tromper elles-mêmes.

Lady Campbell, qui se désespérait, put croire naturellement que Mary se désolait. Ceci n'était pas rigoureusement exact, mais c'était possible. Une fois le chagrin de miss Trevor admis, ce chagrin pouvait s'interpréter de plusieurs manières ; le choix était permis : lady Campbell choisit. Elle se dit que sa nièce aimait, qu'elle aimait Rio-Santo, et que le refus subi par ce dernier causait toute la peine de la jeune fille.

Elle se dit cela plusieurs fois sans le croire, puis enfin elle le crut. Le croyant, elle avait incontestablement le droit de faire partager son opinion à autrui; or, à qui communiquer ses impressions, si ce n'est à sa nièce chérie, à sa fille d'adoption?

A la première ouverture, Mary tomba de son haut. Mais lady Campbell était de si bonne foi, et elle avait tant d'éloquence! Mary, faible et habituée à ne point questionner rigoureusement le fond de son cœur, habituée aussi à faire siennes sans examen toutes les idées de sa tante, Mary se laissa persuader.

Le fait peut sembler étrange, mais il se présente tous les jours.

Désormais, lady Campbell fut à son aise. Elle recouvra toute sa sérénité. La position était bien changée, convenons-en.—Ce n'était plus d'elle qu'il s'agissait, mais de sa nièce. Elle eût été coupable d'écouter ses propres impressions au point de fausser les paroles données, mais sa nièce !... En conscience, par exagération de loyauté, on ne peut pas, comme cela, sacrifier le bonheur d'une jeune fille. Loin d'hésiter encore, elle se crut engagée d'honneur ; ce qui lui avait paru une faiblesse, lui sembla un étroit devoir ; elle s'avoua que, dans ces circonstances, il ne faut pas demeurer à moitié route et qu'il devenait pour elle obligatoire de soutenir Rio-Santo de son mieux.

Une chose ravissante, c'est que lady Campbell crut devoir faire en cette occasion à sa nièce un fort joli sermon sur l'inconstance. Mais, une fois cette satisfaction donnée à la morale, elle promit à miss Mary de servir ses nouvelles amours, et entonna, sans y penser, un cantique à la louange de Rio-Santo.

Miss Trevor, à vrai dire, vivait alors dans une sorte d'étourdissement perpétuel, plein de fatigues et d'ennui. Rio-Santo avait fait sur elle une impression étrange et qu'elle ne savait point définir. Lady Campbell nommait cela de l'amour ; ce devait être de l'amour.

Et pourtant l'image de Frank Perceval restait au fond de son cœur. La pauvre Mary hésitait, ne savait et voulait à peine savoir. Accablée par l'infaillibilité de lady Campbell qui n'était point, pour elle, chose contestable, conseillée d'ailleurs par l'indolente faiblesse de son caractère, elle s'endormait en ce doute étrange, presque fantastique. Elle en souffrait silencieusement et sans chercher remède; elle faisait effort quelquefois, rarement, non pour réagir, mais pour étouffer les murmures de son cœur et troquer contre le repos de l'apathie sa tranquillité perdue.

Restait à vaincre l'opposition que lord Trevor, fidèle comme l'acier et se souvenant de la parole donnée, ne manquerait point de faire à ce nouvel arrangement. Directement et de front, il n'y fallait point songer, mais ceci, soit dit entre le lecteur et nous, était la moindre chose. Quand on a réussi à se tromper soi-même, à escamoter la conscience d'une jeune fille et à garder la paix du cœur, on peut raisonnablement espérer faire perdre la tête à un vieux gentilhomme dont le pied botté foula plus souvent les champs de bataille que les discrets tapis des officines diplomatiques.

Rio-Santo fut admis à déclarer ses sentimens à miss Mary Trevor, qui, durant toute la nuit suivante, rêva de Frank Perceval.

Il faut convenir que ce jeune nobleman avait mal choisi son temps pour voyager. Ainsi fait-on d'ordinaire à son âge, lorsque des parens, afin de prouver à tous leur sagesse supérieure, ajournent une union souhaitée, sous prétexte qu'il n'est pas temps encore.

Pauvre sagesse! pauvre prétexte! Il y a un moment pour être heureux. Quand on laisse passer ce moment en disant : *Il n'est pas temps*, ou toute autre fadaise, le diable rit et marque un point. Frank Perceval, accueilli par toute la famille Trevor, était le fiancé presque officiel de Mary, mais Mary était si jeune ! Dans un an, lui disait-on... Frank se demanda comment il pourrait attendre trois cent soixante-cinq jours sans mourir sept cent trente fois. Un de ses amis, — car, lorsqu'un homme doit se casser le cou, c'est toujours un ami qui l'y aide, — un de ses amis lui conseilla de prendre la poste et d'aller voir la Suisse. Frank alla voir la Suisse. Il y resta un an, ni plus ni moins, et il commanda des chevaux de poste à Genève, de manière à revoir Londres juste le trois cent soixante-cinquième jour.

On n'est pas plus exact que cela, et le hasard lui devait une de ces bonnes aubaines qu'il réserve parfois aux amans voyageurs : par exemple, trouver chez soi en arrivant une lettre de sa belle, reconnaître ses traits charmans dans la première figure rencontrée, etc., etc. — Frank espérait quelque chose de ce genre, car en remontant la Tamise, bien que la brume tombât lorsqu'il passa au dessus du tunnel, il interrogea du regard tout le long de la route les bateaux allant et revenant de Greenwich. Il ne vit rien que des figures inconnues, des chapeaux de cuir, des jaquettes de marin, et aussi, sur les tillacs des steamers, beaucoup de vieilles dames, munies de petits chiens, ce qui l'intéressa médiocrement. En revanche, au moment où il arrivait chez lui, la femme de charge de sa maison lui remit une lettre de huit jours de date, qui l'invitait à passer la soirée chez lord James Trevor.

Frank n'eut que le temps de faire toilette. C'était ce soir-là même qu'avait lieu le bal de Trevor-House.

V

LE BAL.

Trevor-House, seigneurial édifice situé dans Norfolk-Street, et l'un des rares palais particuliers de Londres que l'équerre de l'ingénieur-voyer n'ait point outrageusement nivelés, dresse, entre grille et jardin, la fière architecture de son corps de logis flanqué de deux ailes en saillies. La façade principale donne sur de magnifiques bosquets, au delà desquels s'étend une pièce de gazon qu'entoure un épais fourré d'arbustes destinés à cacher le mur qui sépare le jardin de Park-Lane; ce jardin, d'une grande étendue encore, est rendu plus vaste par la savante ordonnance de son dessin. C'est, en somme, une splendide habitation qui fait regretter les magnificences des anciens jours et regarder en mépris les confortables masures qui composent Londres moderne.

Ce soir-là, les hautes croisées de la façade étaient brillament illuminées, et les pauvres sentinelles, chargées de garder la statue colossale d'Achille, élevée en l'honneur du duc de Wellington, devaient voir, à travers les branches dépouillées des arbres, les feux des lustres adoucis par le diaphane écran des draperies. Ces sentinelles n'en avaient que plus froid aux pieds sans doute; car l'homme est si genéreusement constitué, que le bonheur d'autrui double sa misère; — elles battaient la semelle avec humeur sur le sable de Hyde-Park, et se passaient la langue le long de la moustache, en songeant que si Dieu était juste, les lords monteraient quelquefois la garde, tandis que le soldat anglais boirait du punch glacé dans des verres de cristal et mangerait les puddings qu'on sert dans les *sociétés.*

L'heure où l'on arrive au bal avait sonné, les salons s'emplissaient peu à peu, et l'orchestre conduit par Angelini, ce roi du quadrille que le Français Jullien n'avait pas détrôné encore pour manier, à la place du sceptre métronomique, le gourdin mal taillé de sa royauté populacière, préludait en des accords indécis et timides. La danse n'avait pas commencé, mais le cordon de fauteuils placés autour des salles commençait à se garnir ; le salon principal surtout, où se tenait lady Campbell, présentait déjà un charmant coup d'œil et semblait une corbeille à demi pleine qui n'attend plus que quelques fleurs.

On causait. Lady Campbell et miss Trevor, entourées d'un groupe nombreux qui se renouvelait sans cesse, saluaient, subissaient un compliment, répondaient, saluaient encore et recommençaient. Tel est l'agréable emploi des maîtresses de maisons un soir de bal, de dix heures à minuit. Pour notre part, nous aimerions mieux faire faction durant le même espace de temps au pied de la statue d'Achille. Mais les maîtresses de maison n'ont pas le choix.

—Faites-moi la grâce de me permettre, madame..., dit M. le vicomte de Lantures-Luces, en élevant la main de lady Campbell jusqu'à un demi-pouce de sa lèvre, et faisant le geste de baiser, — mademoiselle, faites-moi la grâce de me permettre... Vous avez là, je parle très sérieusement, un ravissant éventail !

— Vicomte, dit lady Campbell en souriant, voici la septième fois que l'éventail de ma nièce vous ravit.

Le groupe qui entourait les deux dames à ce moment ne put faire moins que de rire beaucoup, parce que ce mot semblait prétendre à la saillie. Le vicomte de Lantures-Luces rit plus fort et plus long-temps que les autres.

— Adorable ! grasseya-t-il ; sept fois charmant ! sept fois charmant !...

Mais ici le groupe ne rit pas, ce qui surprit fort le vicomte de Lantures-Luces, lequel, désappointé, balbutia dans son jabot :

— Je parle très sérieusement !

Lady Campbell s'inclina trois ou quatre fois à droite et à gauche pour mettre à jour son compte-courant de saluts; elle donna la main à lady Ophélia Barnwood, comtesse de Derby, qui entrait, et Mary embrassa Diana Steward, dont la mère venait de se faire annoncer.

— Sir Paulus, dit lady Campbell à l'un des arrivans, nous conterez-vous quelque nouvelle ?

— Le bruit court, répondit sir Paulus Waterfield, que le marquis de Rio-Santo renouvelle ses équipages et le mobilier de sa maison.

— Parlez-vous sérieusement ? demanda le vicomte, il n'y a pas trois mois qu'il a fait déjà maison nette.

— Le marquis a ses raisons pour cela.

— Ce cher Rio-Santo ne m'en a rien dit ! murmura le vicomte de Lantures-Luces dont la marotte était de se faire passer pour le Pylade du marquis.

— Et quelles raisons ?... commença lady Campbell.

— Un mariage, répondit le major Borougham. C'est la grande nouvelle du moment.

Mary perdit le sourire de circonstance qu'elle avait fixé à demeure sur sa lèvre. Sa tête brûla tout-à-coup et ses mains eurent froid. — Lady Campbell la regarda en dessous.

— Comme elle l'aime ! pensa-t-elle.

Miss Trevor songeait à Frank Perceval qu'elle n'aimait plus, puisque c'était chose convenue, mais qui, du matin au soir, occupait sa pensée, concurremment avec Rio-Santo ; car Mary en était arrivée à donner au marquis la moitié de son esprit, sinon la moitié de son cœur. Rio-Santo avait fait sur elle une impression malaisée à expliquer, qui n'était point de l'amour, mais qui en avait souvent les symptômes. De sorte que, les conseils de lady Campbell aidant, Mary connaissant mal et ne sachant point définir, en somme, le sentiment que lui inspirait le marquis, pouvait douter, pouvait croire même, et prendre pour de l'amour sa préoccupation de chaque minute. Mais, comme on le pense, cette croyance factice ne s'attaquait qu'à l'esprit de la jeune fille et ne pouvait entamer son cœur, qui neutre, en ces mystiques débats, gardait enfouie et latente sa tendresse première. Lady Campbell avait mis sa parole comme un épais bandeau entre le cœur de sa nièce et son intelligence. Le cœur, aveuglé, s'était engourdi en un apathique sommeil. Mary ne vivait plus que par la tête, et, en ce sens, elle était à sa tante, c'est-à-dire à Rio-Santo.

Et la tête, ainsi prévenue, restait hostile au cœur, silencieux, mais rempli par un souvenir. Mary, obsédée par la confusion épuisante qui était en elle, s'irritait contre sa mémoire trop fidèle, et repoussait l'image de Frank comme une obsession importune, lorsqu'elle ne l'accueillait pas avec caresses et transport. Ainsi, son âme errait, indécise, en une sorte de dédale où son libre arbitre seul aurait pu lui tenir lieu du fil d'Ariane, mais lady Campbell était là, serrant le bandeau sans cesse, et pesant sur le débile caractère de Mary de tout le poids de sa tyrannique supériorité.

Les femmes d'esprit sont ainsi faites : plutôt que de ne point gouverner autrui, elles renonceraient à se gouverner elles-mêmes. Ce qui serait souvent fort bien vu.

Donc, comme nous l'avons dit, lady Campbell eut un franc mouvement d'allégresse, en voyant le trouble de Mary, qui révélait toute la vivacité de son amour. C'était du moins ce que pensait lady Campbell. Elle se trompait. Le trouble de Mary ne révélait rien, sinon une crise de sa confuse et continuelle souffrance. Elle avait compris la portée de ce bruit qui courait sur le compte du marquis ; elle avait compris que l'heure où il faudrait agir et se décider approchait, et sa chancelante nature avait défailli au choc, subissant au centuple ce malaise qu'éprouve toute jeune fille au moment d'accueillir définitivement l'homme qui doit être son époux.

Lady Campbell eut pitié d'elle et ne demanda point le nom de la fiancée de Rio-Santo.

— Le marquis est bien changé! reprit avec intention le beau cavalier Angelo Bembo.

— C'est à ne le plus reconnaître, ajouta le major Borougham.

Sir Paulus Waterfield dit quelque chose d'analogue, et le docteur Muller fit entendre un de ces grognemens gutturaux, au moyen desquels les larynx germaniques expriment leur approbation.

— Que trouvez-vous donc à ce cher marquis? demanda le vicomte de Lanture-Luces.

— Il est amoureux, répondirent en chœur

les quatre gentlemen dont nous venons de prononcer les noms.

— Pour trois jours, ajouta le vicomte en jetant son claque sous le bras gauche.

— Pour la vie, dit le cavalier Angelo Bembo, avec une gravité pleine de conviction.

Miss Mary Trevor eut un tressaillement d'orgueil, mais un frisson d'angoisse : l'orgueil était naturel à la fille d'Eve et l'on n'eût pas trouvé peut-être dans tout Londres une seule femme qui pût s'en défendre en voyant mettre Rio-Santo à ses pieds ; l'angoisse était une vague protestation du cœur ; un demi-réveil, un cri étouffé de la conscience.

Le vicomte de Lantures-Luces partit d'un

éclat de rire aussi bruyant et aussi long que le lieu pouvait le permettre.

— Délicieux! s'écria-t-il, je parle sérieusement.

On ouvrait le bal. Le cavalier Angelo Bembo prit la main de miss Trevor pour la conduire au quadrille. Il s'opéra un mouvement général dans les salons; les groupes déplacés se mêlèrent; lady Campbell, sans perdre sa cour masculine, se trouva entourée d'un cercle de dames, de ces dames qui forment un moyen terme, une transition, entre la partie active et la partie passive d'un bal, entre la tapisserie et sa brillante bordure; de ces dames enfin à qui la loi mondaine ne défend pas encore rigoureusement la danse, mais qui n'osent danser toujours. — Il y a des enchanteresses parmi ces dames, et c'est l'une d'entre elles qui a fourni au conteur français Balzac le type de sa femme de trente ans, laquelle, à l'heure où nous écrivons, croît en grâces, en séductions de toutes sortes, et accomplit sa quarante-cinquième année.

La conversation allait, frivole, médisante, spirituelle. Lady Campbell y mettait des mots charmans, le vicomte de Lantures-Luces des exclamations délectables, et le docteur Muller des notes enrouées et des germanicismes effrénés.

— Vraiment, lorsque notre marquis est absent, dit lady Campbell avec une imperceptible moquerie, — monsieur de Lantures-Luces est la providence de nos réunions.

— Pourquoi mettre le vicomte au second rang? demanda une baronne.

— Certes, ajouta une pairesse, le marquis ne pourrait qu'être fier de la comparaison.

— Ah! mesdames!... mesdames!... balbutiait Lantures-Luces; — de grâce... faites-moi quartier. Je suis trop l'ami de ce cher marquis pour prétendre...

— Point de modestie, vicomte!... Vous avez toujours en réserve quelque spirituelle histoire...

— Quelque anecdote piquante...

— Quelque médisance de bon goût...

— Ah! mesdames, mesdames!... Vous me flattez!.. Je parle sérieusement.

Le vicomte s'évaporait en vaniteuse allégresse. Il n'y tenait plus : il était au ciel.

C'était un petit Français d'âge moyen, de taille commune, de visage ordinaire. Ses cheveux, crêpés et pommadés, s'enroulaient en fer à cheval au dessus de son front étroit, suivant cette mode disgracieuse dite : *à la Louis-Philippe.* Son costume avait quelque chose de prétentieux et d'outré, bien qu'il ne ressemblât point toutefois aux costumes vainqueurs des jeunes dandys du commerce.

C'eût été, en d'autres salons, une toilette de goût présentable ; mais, à Trevor-House, la suprême élégance de la simplicité bien entendue pouvait seule être de mise. Nous croirions faire injure au lecteur en lui expliquant que ce mot *simplicité* est plus riche et comporte plus de luxe que le mot faste lui-même. Pour compléter le signalement de M. le vicomte de Lantures-Luces, nous ajouterons seulement qu'il s'écoutait parler et grasseyait outrageusement ; qu'il souriait en homme sûr de son sourire, et portait un lorgnon-binocle en pincettes, qu'il maniait avec une certaine supériorité.

Sa noblesse était médiocre, sa fortune honnête ; son esprit eût suffi peut-être à un homme très modeste, mais Lantures-Luces était très vaniteux. Rio-Santo, dont il n'apercevait que les surfaces, lui tournait la tête. Il se damnait à vouloir imiter ce modèle inimitable. Dieu avait mis entre eux la distance qui sépare le héros du soldat, sinon une distance plus grande encore; mais Lantures-Luces n'avait garde de mesurer cet abîme. Rio-Santo n'était pour lui, à tout prendre, que l'homme disert, le causeur piquant, le cavalier élégant et beau par excellence. Ce qu'il y avait de puissance et de grandeur sous cette aimable enveloppe échappait totalement au binocle de M. de Lantures-Luces.

Le monde, qui devine tous les ridicules et saisit chaque travers par une sorte d'intuition où il y a de la magie, avait bien vite découvert la grotesque émulation du pauvre vicomte. On s'en divertissait fort, et le vicomte ne voyait goutte en ces moqueries voilées, que recouvrait toujours une couche suffisante de courtoisie. Loin de s'alarmer, il se réjouissait et se gonflait comme la grenouille de la fable, — mais il ne crevait point, parce que les sangles de son gilet l'empêchaient de se gonfler outre mesure.

La tournure que venait de prendre la conversation était donc pour lui un vrai triomphe. Il se défendait mollement contre la louange, et repassait déjà dans sa mémoire une anecdote préparée de longue main pour soutenir sa réputation de conteur.

— Allons, vicomte, reprit lady Campbell, la modestie vous sied fort bien, mais il ne faut rien exagérer, pas même les vertus... Je gage qu'en ce moment même vous nous apportez quelque récit.

— Écoutez, écoutez! répéta-t-on de toutes parts.

Le vicomte se fit prier durant les trois quarts d'une minute.

— J'aurais voulu ne point vous dire cela, commença-t-il enfin ; — je parle très sérieusement... parce que l'histoire regarde ce cher Rio-Santo...

— Le marquis !... Contez, de grâce, contez vite !

Ce fut un chœur de voix féminines qui prononça ces mots.

— C'est une vieille histoire, reprit le vicomte ; mais je ne l'ai apprise qu'aujourd'hui d'un Parisien de ma connaissance... C'est assez drôle, on pourrait même dire que c'est très drôle...

— Mais contez donc !

—Figurez-vous, belles dames, que pendant le séjour de Rio-Santo à Paris, la comtesse de L... et la comtesse de P... étaient fort éprises de ce cher marquis... on pourrait même avancer qu'elles en étaient folles... Un jour le garde du bois de Boulogne entendit deux coups de feu dans le fourré. Il se précipita... et vit... je vous le donne en mille...

— Un assassinat ?

— Non pas.

— Un tir à la cible ?

— Encore moins... Un duel, mesdames... un duel entre madame la comtesse de P... et madame la comtesse de L...

— Charmant ! s'écria le chœur en éclatant de rire.

— Un duel entre deux comtesses ! dit sir Paulus Waterfield, — il n'y a que Rio-Santo pour cela !

— Un tuel endre teux gondesses ! répéta le

docteur Muller; che ne gonnais, tarteifle! que ze ger Rio-Zanto bur zela!

— Attendez donc! le meilleur, c'est le motif du duel. Figurez-vous, belles dames, que la comtesse de P... et la comtesse de L... avaient conclu entre elles un accord : aussitôt que l'une d'elles aurait fait la conquête du marquis, l'autre devait céder la place et abandonner toutes prétentions.

— Mais c'est le monde renversé, interrompit lady Campbell. — Ne dirait-on pas qu'il s'agit de deux rivaux? Ces deux femmes déshonorent leur sexe.

— Et déshonorent la noblesse! ajouta la baronne.

—Non pas, non pas, mesdames; la noblesse n'a rien à faire en ceci... Il s'agit tout bonnement de deux comtesses de l'empire.

— A la bonne heure !

— Ces deux dames avaient donc passé un contrat, reprit Lantures-Luces. Au bout de huit jours, la bataille sembla décidée : la voiture de madame de L... avait stationné pendant deux heures devant la porte de Rio-Santo. Madame de P... employa un jour à se désespérer ; le lendemain, elle prit des informations et acquit la certitude que sa rivale avait fait comme ces délicieux scélérats de la régence, qui compromettaient une femme en envoyant leur carrosse vide à sa porte... Madame de L... avait compromis Rio-Santo.

— Charmant! entonna le chœur.

— Jarmant! jarmant! appuya le docteur Muller; — ché tis drès jarmant!

— Vous comprenez, belles dames, reprit encore Lantures-Luces, que la comtesse de P... devint furieuse. La première fois qu'elle rencontra son ennemie dans les salons de la Chaussée-d'Antin, elle lui dit :—Madame, vous êtes un fat!

— Cette comtesse de P... n'était pas sans esprit, dit lady Campbell.

— La comtesse de L..., en vrai raffinée de l'empire, lui répondit par un coup d'éventail sur la joue.—Assez! dit madame de P... Point de bruit...Votre arme? — Le pistolet.—Votre heure? — Midi... — A demain, porte Maillot, sans témoins, combat à mort!

Elles se serrèrent la main, et tout fut dit.

— Quels dragons que ces dames!

— Ce Rio-Santo, dit sir Paulus, change les agneaux en tigres.

— En digres et en bandères! ajouta le Germain.

Le quadrille prenait fin, le cavalier Angelo Bembo vint reconduire miss Trevor à sa place. A peine était-elle assise auprès de sa tante, que la voix sonore de l'huissier (*usher*) dominant tout-à-coup les mille bruits de la fête, jeta par les salons le nom de l'Honorable Frank Perceval.

Miss Trevor perdit aussitôt les délicates couleurs que la danse avait fait monter à sa joue; elle devint plus pâle qu'un visage de marbre, et mit la main sur son cœur qui défaillait.

Lady Campbell se pencha vers elle et lui dit tout bas :

— Du courage, ma fille! Le pauvre Frank se croit des droits; l'entrevue sera pénible... Mais vous étiez si jeune! votre cœur s'était trompé... Qui sait d'ailleurs si Frank lui-même n'a pas changé?

Cette dernière parole, qui voulait être une consolation, amena une larme dans les yeux de miss Mary Trevor.

— Point de faiblesse! reprit lady Campbell;

en voyant pleurer une femme, l'homme croit toujours à un reste de tendresse... Et vous ne l'aimez plus, n'est-ce pas? ajouta-t-elle avec une véritable sollicitude.

Mary ne répondit point.

— Comment pourriez-vous l'aimer encore? poursuivit lady Campbell. Pauvre Frank! C'est un grand malheur pour lui que la venue à Londres de notre irrésistible marquis...

La spirituelle femme n'en dit pas davantage et se prit à penser que sans elle sa nièce aurait méconnu le cri de son cœur, qu'elle eût combattu vainement et dans le silence son amour pour le marquis, qu'elle eût épousé par timidité Frank Perceval, qu'elle eût été malheureuse, peut-être coupable...

L'imagination est une chose sublime !

Lady Campbell n'avait jamais eu un si parfait contentement de soi-même. — Quant à miss Trevor, jamais elle n'avait si cruellement souffert.

Frank Perceval fut accueilli par lord Trevor avec la plus franche cordialité. Le vieux lord vint lui-même le présenter à sa fille, mais ici la scène changea. Mary reçut son fiancé avec une froideur d'autant plus grande, que son cœur éveillé soudain s'élançait vers lui avec plus de force. Le nom seul de Frank avait violemment secoué sa torpeur et déchiré un lambeau du voile diabolique où l'on avait enveloppé son libre arbitre. La vue de Frank acheva cette cure métaphysique. La cataracte qui obstruait l'œil de Mary, l'œil de son cœur, tomba tout-à-coup, elle vit ; elle fut étonnée, elle fut effrayée de voir clair ainsi au dedans d'elle-même. Puis, par une réaction nécessaire et soudaine, elle se révolta contre la main despotique qui l'avait aveuglée. Mais elle était faible, elle était domptée ; l'esclave noir ne se redresse que la nuit, dans les grands bois où ne le suit point l'œil redouté du maître ; lady Campbell était près de Mary.

Mary se courba de nouveau. Ses yeux à peine dessillés se refermèrent. Elle fit ce que fait l'esclave noir lorsque la nuit s'éclaire e qu'il entend le fouet du commandeur; elle étouffa sa volonté de se plaindre ; elle redevint passive.

Voilà comment une excellente femme très spirituelle peut ne point valoir mieux qu'une femme très mauvaise et très stupide. Voilà comment la soumission poussée jusqu'au vasselage et privée d'examen peut ressembler comme deux gouttes d'eau à l'idiotisme, et jeter hors de la voie raisonnable les natures les plus choisies. Quel remède à cela ? le hasard. Et puis encore la rareté du fait, car les jeunes filles ne pèchent point d'ordinaire par trop d'obéissance.

Dieu sait que lady Campbell ne songeait point à mal. Celui qui lui aurait montré du doigt la plaie saignante qu'elle entretenait au cœur d'une personne chère, l'eût non seulement étonnée, mais navrée. Mais qui donc eût soupçonné une chose si invraisemblable? Miss Trevor était une des plus brillantes filles qu'on puisse voir, et certes, dans toute cette foule dorée qui encombrait les salons de son père, il n'y avait que bien peu d'observateurs capables de comprendre ou de deviner l'excentricité poignante de sa situation.

Elle baissa les yeux sous le regard de Frank, et ne répondit à son compliment, prononcé d'une voix émue, qu'en balbutiant quelques paroles dépourvues de sens. Frank se sentit venir une cruelle crainte. Il voulut parler encore, mais lady Campbell lui toucha légèrement le bras du bout de son éventail.

— Vous avez fait un bon voyage, milord (1)? dit-elle.

Puis, changeant de ton subitement, elle se pencha à son oreille et lui glissa ces mots :

— Pas ce soir, Frank, je vous conjure ; on a les yeux sur elle, sur nous !...

Frank ne comprenait point.

— Demain, continua lady Campbell d'une voix où il y avait trop de pitié pour que Frank se méprît plus long-temps ; — demain, je vous expliquerai...Croyez-moi toujours votre amie,

---

(1) On donne souvent, — par courtoisie, — le titre de lord aux fils des pairs d'Angleterre, en leur adressant la parole, bien qu'ils n'aient aucun droit légal de le porter. — En parlant d'eux on dit l'*Honorable*, etc.

cher Frank... la pauvre enfant a bien résisté...
bien souffert...

— Quoi, milady! s'écria Frank; dois-je penser?...

— Je vous en prie, milord, attendons à demain.

En même temps, lady Campbell prit la main de Frank qu'elle serra avec une sensibilité non feinte. Frank salua et s'éloigna, la mort dans le cœur.

— Miss Trevor m'a fait l'honneur d'accepter ma main pour ce quadrille, dit le major Borougham aux premières notes de l'orchestre qui entamait un prélude.

Mary demeura immobile, anéantie.

— Vous voudrez bien excuser ma nièce, monsieur le major, répondit lady Campbell, qui avait l'œil à tout, — avant la fin du bal, elle se dédommagera en dansant avec vous.

Un singulier sourire erra sous la moustache du major Borougham.

— Rio-Santo vient bien tard! dit-il à l'oreille du docteur Muller.

Le docteur Muller répondit à voix basse, mais dans l'anglais le plus pur, sinon le plus choisi, et sans aucun accent germanique :

— Il compte sur lady Campbell, et je veux que le diable m'emporte s'il n'a pas raison d'y compter... Sans elle, je ne répondrais pas de la petite.

— La petite se tâte... elle ne sait trop... Je crois qu'elle aime l'autre...

— Il y a la tante, d'ailleurs!...

La tante disait à sa nièce :

— Mon enfant, le plus fort est fait... Maintenant, le reste me regarde... Ah ! si ce n'était pour vous, Mary, je me dispenserais de cette ambassade... Pauvre Frank!.. Mais il s'agit de votre bonheur : je me dévouerai, ma chère fille.

Elle mit un baiser au front de miss Trevor qui était froid et humide.

— Seriez-vous malade, mon amour? demanda-t-elle avec sollicitude.

— Je ne sais, répondit Mary, je souffre... Je crois...

— Que croyez-vous, ma fille?

— Je crois que nous nous trompons toutes les deux. La vue de Frank...

— N'est-ce que cela? interrompit lady Campbell, qui recouvra aussitôt sa sérénité; — fiez-vous à moi, ma fille, je m'y connais... Ah! vous êtes bien heureuse, Mary, que j'aie su lire au fond de votre cœur!...

Frank errait par les salons, cherchant à repousser loin de lui la crainte douloureuse qui opprimait sa pensée; il voulait espérer encore. Après tout, l'accueil de lord Trevor avait été aussi cordial qu'autrefois, et les paroles de lady Campbell pouvaient s'interpréter en plus d'un sens. Mais Mary! Etait-il possible de se méprendre à cette froideur glaciale qui avait tout-à-coup succédé à son doux abandon d'autrefois ? Le doute était-il permis encore ? Frank essayait bien de combattre ; mais l'évidence victorieuse réduisait ses efforts à néant.

Çà et là, ses amis l'arrêtaient pour lui presser la main et lui souhaiter la bien-venue.

— Quelles nouvelles du Simplon ? lui demandait l'un ?

— Vous me montrerez votre album, Frank, lui disait l'autre.

— Comme vous voilà triste, s'écriait un troisième. Est-ce que vous sauriez déjà ?...

Frank interrompit vivement ce dernier.

— Quoi? demanda-t-il avec une ardente anxiété.

— Pauvre garçon ! murmura l'ami ; — mais il n'y a rien d'officiel encore... ce sont de simples bruits...

— Que disent-ils, ces bruits ?

— Ils disent... Ils mentent peut-être... Ils disent que miss Trevor va épouser Rio-Santo.

Frank passa sa main sur son front.

— Quel est ce Rio-Santo ? demanda-t-il.

L'ami le regarda stupéfait.

— Vous n'avez pas entendu parler de Rio-Santo, Frank ?... De qui donc parle-t-on en Suisse?... Rio-Santo est un marquis, — un marquis comme il n'y en a point, — un marquis... Au revoir, Perceval, mon pauvre ami ; j'aperçois là-bas sir Paulus qui me fait signe qu'il manque un quatrième au whist.

Frank demeura seul, étourdi par ce nouveau coup...

— Eh! bonjour, très cher, s'écria une voix de fausset à son oreille: il y a un siècle qu'on ne vous a vu, et je disais hier... A qui donc disais-je cela? Ah! je le disais à ce cher marquis... Je lui disais : Il y a un siècle qu'on n'a vu Frank, je suis sûr qu'il fait des siennes en Suisse... Je parle sérieusement, je disais cela... Mais vous avez l'air chagrin, très cher... Je devine... On vient de me dire que Rio-Santo...

— C'est donc vrai? murmura Frank.

— Très cher, je n'en sais rien ; mais ce diable de Rio-Santo sait si bien mener sa barque!... Et puis, très cher, il a plus de millions que vous n'avez, vous, de cent livres de rentes... Ah! c'est un terrible champion!...

Le vicomte de Lantures-Luces, à ce dernier mot, pirouetta sur lui-même et s'en fut caqueter ailleurs.

Frank marchait sans voir et chancelait comme un homme ivre; il sentit un bras de femme se glisser sous le sien.

— Milord, lui dit la comtesse de Derby, vous êtes malheureux, bien malheureux! je vous plains... Car vous savez déjà sans doute...

— Je crois tout savoir, milady.

— Tout?... Non, milord, vous ne savez pas tout... Écoutez, moi aussi je souffre; je voudrais soulager votre peine, et peut-être...

Il y a un démon de fatuité au fond du cœur de tout homme. Frank, malgré son accablement, comprit à faux et regarda lady Ophelia d'un air étonné.

Celle-ci se prit à sourire avec tristesse.

— Peut-être vous donnerai-je les moyens de combattre Rio-Santo, poursuivit-elle; car on ne peut pas vaincre Rio-Santo avec des armes ordinaires...

— Toujours Rio-Santo! pensa Frank, qui se sentait monter au cœur une haine furieuse et sans limites.

— Venez me voir demain, poursuivit la comtesse de Derby, les choses que je dois vous apprendre se disent à voix basse et portes closes, dans une chambre où l'on est deux... et encore celui qui parle est en péril, comme celui qui écoute... A demain, milord ; je vous attendrai.

Elle s'inclina, gracieuse et souriante comme au sortir d'un entretien frivole. Frank n'eut pas tant de force. Sa détresse se lisait sur chacun de ses traits; il continua de marcher, cherchant un lambris où s'appuyer, un siége où tomber.

Miss Diana Stewart, sa cousine, l'aperçut et l'appela.

— Asseyez-vous près de moi, Frank, dit-elle ; j'ai bien des choses à vous dire... Oh! je savais que ce coup vous frapperait cruellement.

— Vous êtes son amie, murmura Frank,

qui avait peine à parler, vous devez connaître le fond de son cœur... dites-moi?..

— Je vous dirai tout ce que je sais, mon pauvre cousin ; mais faites effort et rappelez votre courage...

— Diana, parlez-moi d'elle, j'attends.

— Elle souffre autant que vous, Frank, croyez-moi. Il se passe en elle quelque chose que je ne comprends pas, mais son cœur n'a point changé. Miss Trevor vous aime toujours.

Un souffle d'extatique bonheur passa par l'âme navrée de Frank.

— Mais ce mariage?... lui dit-il.

— On en parle; lady Campbell le désire... Mary ne s'y oppose pas.

— Elle ne s'y oppose pas! répéta automatiquement Frank.

— Rio-Santo les a ensorcelées!...

— Encore Rio-Santo!... Diana!... le connaissez-vous?

— Je le connais, répondit miss Stewart qui baissa les yeux et rougit.

— Montrez-le moi... dites-moi ce qu'il est...

— C'est un homme à qui rien ne résiste, prononça tout bas la jeune fille; un homme beau, noble, fort et auquel les autres hommes ne peuvent ressembler que de loin... Malheur à ses rivaux, Frank.

—Malheur à lui plutôt! interrompit Perceval qui se leva dans un moment d'exaltation terrible. — Montrez-le-moi, vous dis-je!... Ah! il faut que je le voie face à face, cet homme; il faut...

La voix monotone et sonore de l'huissier interrompit Frank et annonça emphatiquement :

—Don José-Maria-Tellès de Alarcaon, marquis de Rio-Santo !...

Ce nom de Rio-Santo, ainsi pompeusement lancé à travers les salons, déchira l'oreille de Frank Perceval et retentit au dedans de lui comme un discordant fracas. C'était au moment où il appelait ce rival inconnu, mais détesté déjà, que le sort le jetait bruyamment à sa face. Frank, tremblant de colère et galvanisé par cette joie farouche qui prend les vaillantes natures à l'approche de l'ennemi, secoua tout-à-coup sa torpeur et fendit la foule d'un pas précipité. D'instinct il se posa à moitié chemin de la porte d'entrée à la partie du salon occupée par lady Campbell et miss Trevor. Il devinait que, tout d'abord, Rio-Santo passerait par là.

Rio-Santo, en effet, parut presque aussitôt.

C'était un homme de grande taille et d'héroïque prestance. Son visage, aux traits fins et délicatement arrêtés, avait cette expression de calme surhumain que nous avons admirée en quelques physionomies italiennes, mais à un moindre degré. Il était beau, beau comme les peintres d'élite peuvent rêver un roi ou un dieu. Le pur ovale de sa joue n'était tatoué par aucun de ces dessins de barbe romantique dont les étrangers apportaient la mode extravagante jusque dans les plus hauts salons. Il portait seulement une légère moustache, noire comme le jais et retroussée à la manière des habitans de la Péninsule, espagnols et portugais. Ses cheveux, bouclés naturellement, n'affectaient point de coiffure précise et groupaient au hasard leurs mèches gracieusement ondées, laissant à découvert un front large, plein de franchise et de fierté.

Ses yeux charmaient et dominaient sous l'arc hardiment dessiné de ses noirs sourcils.

Une seule chose dans ce visage magnifique eût pu faire tache aux yeux d'un observateur sévère. Il y avait, dans le regard de Rio-Santo, dans les lignes épanouies de sa bouche, le cachet d'une sensualité qui, au repos, devait le bercer doucement dans des rêves de poète, mais qui, soudainement irritée, pouvait ne point connaître de frein et arriver, chez cet homme fort et passionné sans doute, aux excès de l'emportement et de la frénésie.

Mais quelle est la figure où certains observateurs ne découvrent pas mille motifs de soupçonner ou de craindre?

La démarche de Rio-Santo était royale, mais sa majesté échappait à l'emphase en s'alliant à une grâce inimitable. Il portait un costnme sévère dans son irréprochable élégance. Trois ordres souverains brillaient sur sa poitrine.

Son nom prononcé souleva un murmure contenu dans la foule. Quelques ladies faussèrent les figures des quadrilles; d'autres oublièrent de donner réponse à une banale question de leur partner. Le murmure s'étouffa bientôt, mais l'émotion resta. Il y avait dans la fête un élément de plus, et chaque cœur féminin sentit grandir son instinct de coquetterie.

Frank Perceval ne pouvait être comparé

au brillant marquis sous le rapport des avantages extérieurs. Il était beau, lui aussi, mais sa beauté ne consistait pas tant dans la régularité de ses traits que dans le noble reflet d'intelligence et de générosité qui éclairait son front loyal. Il y avait en lui quelque chose de chevaleresque; sa timidité était hautaine, mais sa hauteur était courtoise. En somme, il aurait été le roi de cette jeunesse élégante et choisie si Rio-Santo n'eût pas existé.

Frank était beaucoup plus jeune que le marquis, bien que celui-ci fût de ces hommes auxquels l'âge ne laisse point de trace et que le temps semble oublier dans sa course. On n'aurait pu dire précisément combien d'années pesaient sur le front de Rio-Santo. Seulement on ne trouvait plus en lui cette fleur de jeunesse que gardaient les traits de Frank.

Celui-ci regarda fixement et longuement son rival, auquel il barrait l'étroit passage qu'avait ouvert la foule. Au premier aspect, il lui sembla que cette figure avait déjà frappé ses yeux, mais cette impression fut courte et fugitive; ce que Frank vit, ce qu'il remarqua avec une passionnée jalousie, ce fut l'extraordinaire beauté de Rio-Santo. Sa haine s'augmenta de toute la frayeur qui étreignit son âme. Car, en ces momens de détresse amoureuse où l'angoisse paralyse la réflexion, la beauté apparaît comme l'arme unique et souveraine : Frank se sentit vaincu, écrasé sous la beauté de son rival.

Il le regardait toujours et barrait toujours le passage. Rio-Santo ralentit d'abord son pas, puis il s'arrêta tout à fait, cherchant de l'œil lady Campbell et sa nièce. Il n'avait pas même aperçu Frank.

— Là-bas, marquis, là-bas! s'écria l'officieux vicomte de Lantures-Luces en désignant l'angle du salon où s'asseyait lady Campbell ; ces dames se plaignent de votre retard.... Eh bien! Perceval, mon très cher, ayez donc la bonté de nous faire place, au marquis et à moi.

Frank ne bougea pas, et mit dans ses yeux,

toujours fixés sur le marquis, l'expression du plus provoquant dédain.

Rio-Santo abaissa sur lui son regard serein, et ne répondit au froid défi de Frank que par un salut plein de courtoisie :

— Je tâcherai d'avoir l'honneur d'être présenté à l'Honorable Frank Perceval, dit-il avec simplicité.

Et avant que Lantures-Luces eût empiré la situation par son empressement intempestif, le marquis fit un imperceptible signe de tête, auquel répondit un personnage qui venait d'entrer et sur la route duquel chacun s'écartait avec cette condescendance ostensible et de mauvais goût qui est au fond de la courtoisie anglaise.

Ce personnage que nous connaissons, et à qui son élégant habit de bal ne pouvait enlever l'apparence insignifiante et bourgeoisement honnête que lui avait donnée la nature, marchait tête haute et les yeux grands ouverts sans se détourner jamais pour éviter un choc ou saluer une connaissance.

C'était Tyrrel, l'aveugle de la taverne des *Armes de la Couronne.*

Au geste de Rio-Santo, il changea de route et vint se planter devant Frank, auquel il fit ainsi perdre de vue le marquis.

— Rangez-vous, monsieur ! dit Frank avec colère.

— Est-ce à moi que vous parlez? demanda l'aveugle avec douceur.

— C'est à vous, monsieur, et je trouve étrange...

— Là, là ! très cher, s'écria Lantures-Luces en éclatant de rire ; — sur quelle herbe avez vous donc marché ce soir ?... N'allez-vous pas chercher querelle à sir Edmund Makensie, qui est aveugle?

— Je vous fais mes excuses, murmura Frank qui se mordit les lèvres.

Et il chercha des yeux Rio-Santo, tandis que l'aveugle murmurait bénignement :

— C'est moi, monsieur, qui vous demande pardon.

Rio-Santo avait disparu dans la foule.

— Serait-ce un lâche? se demanda Frank.

Il parcourait les salons du regard. Il trouvait étrange que le marquis eût saisi avec tant d'empressement l'occasion de s'esquiver que lui offrait le hasard.

— Serait-ce un lâche! répéta-t-il; ah! c'est qu'il me le faut brave!...

— Vous l'aurez tel qu'il vous le faut, mon jeune gentleman! interrompit une voix railleuse à son oreille.

Frank se retourna vivement. Il n'y avait

plus auprès de lui qu'un long personnage à figure exotique qui essuyait laborieusement les verres d'un gigantesque lorgnon.

— Qu'avez-vous dit ? demanda le jeune homme avec hauteur.

— Che n'ai pas tit, répondit flegmatiquement le long personnage, qui n'était autre que le docteur Muller.

— Vous m'avez adressé la parole, monsieur!

— Che n'ai bas atressé la barole, tarteifle ! répliqua le Germain en tournant le dos.

Frank crut s'être trompé ; ses oreilles avaient tinté ; sa fièvre lui avait fait ouïr des paroles que personne n'avait prononcées. Il avait d'ailleurs autre chose à penser.

Rio-Santo venait de rejoindre lady Campbell et sa nièce. L'angle où elles s'asseyaient devint tout-à-coup le centre du bal. Tous les regards y convergèrent, et la cour de lady Campbell se trouva instantanément doublée. Il est probable que cette spirituelle femme avait dès long-temps constaté ce résultat inévitable de la présence de Rio-Santo, et que ledit résultat entrait pour quelque chose dans l'attachement qu'elle portait au beau marquis.

Elle le reçut comme une mère reçoit son fils, un fils chéri et admiré.

— Mary devenait triste, dit-elle, tandis que Rio-Santo baisait la main de la jeune fille.

— N'y avait-il que mon absence pour causer la tristesse de miss Trevor? demanda Rio-Santo en souriant et sans intention.

Miss Mary essaya de sourire aussi, mais elle ne put. Son malaise se compliquait maintenant de la présence du marquis, lequel n'avait point perdu le mystique pouvoir de terreur qu'il avait exercé dès l'abord sur la jeune fille. Ce pouvoir s'était seulement combiné avec le charme que Rio-Santo savait opérer sur toute femme et dont miss Trevor n'avait pu se défendre. Vis-à-vis de Rio-Santo, et lorsqu'elle était sous son regard, Mary perdait réellement toute conscience de ce qui se passait en elle. Eût-elle, en ces instans, pris le courage de secouer la domination morale de sa tante, nous ne savons pas ce qu'elle aurait pu répondre à cette question posée à bout portant : — Qui aimez-vous ?

De sorte que l'erreur de lady Campbell était rigoureusement excusable. Elle aussi subissait le charme ; pouvait-on lui imputer à mal l'erreur où tombait quelquefois miss Trevor elle-même ?

Ce soir-là Rio-Santo fut plus empressé, plus tendre, plus éloquent encore qu'à l'ordinaire. Miss Mary, qu'une voix intérieure, avertissait de se souvenir, se laissait aller malgré elle aux enchantemens dont l'entourait cet homme qu'elle n'aimait pas, et oubliait Frank qu'elle aimait. C'était plus qu'une fascination, et miss Diana Stewart avait employé le mot propre : Mary était ensorcelée.

Lady Campbell écoutait Rio-Santo, lui donnait la réplique le plus spirituellement du monde, et trouvait encore le temps de s'extasier sur le bonheur de sa nièce. L'assistance plaçait son mot et admirait ; le vicomte de Lantures-Luces accomplissait des grimaces d'enthousiasme à chaque parole de son illustre modèle, et se promettait bien de les répéter à l'occasion.

Frank se tenait debout dans une embrasure. Il était trop éloigné pour rien entendre, mais il voyait tout, et buvait avec une poignante avidité la coupe amère de la jalousie.

Il regardait, mettant son âme entière dans ses yeux, interprétant chaque geste, donnant à chaque mouvement une signification qui attisait sa fièvre et doublait sa souffrance. Lorsque Rio-Santo se penchait vers Mary et l'enveloppait de la magie de son regard, Frank tressaillait de rage; lorsque Mary levait les yeux sur Rio-Santo, Frank croyait y lire un amour timide, mais éloquent dans son silence, et sa rage devenait agonie.

Et il restait là, passant de la colère au martyre ; il n'essayait point de fuir, parce, — et nous ne copions pas ici une vaine fadeur dans les romans des *blue stockings*, — parce que l'homme qui aime chérit jusqu'à sa torture.

Et puis, en ces instants d'accablant supplice, la pensée de s'éloigner ne vient pas ; il semble que le mal dont on est témoin doive être moins grand. L'esprit calcule d'instinct et naïvement ; on se dit : En ma présence, ils n'oseront pas!... Eloigné, d'ailleurs, la torture ne s'augmenterait-elle pas de tous ces cruels détails que l'imagination malade se représente avec un si grand luxe de circonstances aggravantes?

Les heures se passaient. — Une seule chose vint faire diversion à l'obsédant espionnage de Frank. Au moment où la conversation du groupe présidé par lady Campbell atteignait son plus haut degré d'admiration, Rio-Santo, emporté sans doute par la chaleur de l'entretien, fronça un instant les sourcils. La lumière d'un candelabre tombait d'aplomb sur son visage. Frank, qui le regardait, tressaillit et se demanda pour la seconde fois où il avait vu cet homme. Mais les traits de Rio-Santo reprirent leur position normale, et Frank douta de nouveau. Le souvenir qui venait de traverser son esprit se liait à un événement si horrible ; sa mémoire, sur une ressemblance réelle ou imaginaire, venait d'évoquer un si hideux tableau, que la haine elle-même, ou ce qui pis est, la jalousie, n'y pouvait donner place à la sereine et noble figure de Rio-Santo. Franck pensa qu'il s'était trompé. Il le pensa d'autant plus fermement, qu'il y aurait eu folie à supposer le contraire. Un terrible malheur l'avait frappé autrefois dans des circonstances étranges. L'homme qui avait joué le principal rôle dans ce drame effroyable, dont nous devrons compte au lecteur, cet homme et Rio-Santo se ressemblaient, — comme un misérable peut ressembler à un prince. Frank rejeta loin de lui tout soupçon. Il avait assez de motifs récens de haïr, sans rattacher son aversion à de douteuses hypothèses, bâties sur de lointains outrages.

Aussi, rendit-il son âme tout entière à son courroux actuel. Sa colère ne se méprenait point ; elle se concentrait sur le marquis, laissant à l'écart Mary dont il connaissait le caractère débile et subjugué.

Enfin Rio-Santo se leva pour faire son tour de bal et rendre ses devoirs aux dames.

Frank, qui attendait ce moment avec impatience, quitta son poste et l'aborda.

— Monsieur, dit-il, avec ce calme affecté que l'homme du monde sait toujours mettre sur ses émotions les plus grandes ; — vous manifestiez tout à l'heure le désir de m'être présenté.

Rio-Santo ne le reconnut pas de prime-abord. Lorsqu'il le reconnut, il sourit et lui tendit la main.

— Monsieur Perceval ?... dit-il. En effet, je ne pouvais que désirer faire la connaissance d'un homme dont lady Campbell m'a parlé souvent avec une affection de mère et que miss Trevor aime comme un frère chéri...

Frank prit la main de Rio-Santo et la serra fortement.

— En êtes-vous donc déjà à aimer tout ce qu'elle aime? demanda-t-il avec un sourire amer. — Milord, vous avez le beau rôle, et je tombe malgré moi dans ce ridicule personnage d'amant oublié qui gêne tout le monde, et que tout le monde prend en mépris ou en pitié... J'aime miss Mary Trevor, monsieur !

Rio-Santo ne retira point sa main.

— Je le savais, dit-il d'un ton plus froid, mais avec une mesure exquise ;—lady Campbell me l'avait appris... J'espérais... nous espérions que l'absence...

— Pour qui parlez-vous, monsieur? interrompit Frank.

— Je parle pour moi, pour lady Campbell...

— Voilà tout, monsieur, voilà tout! interrompit encore Frank d'une voix impérieuse ; — je vous déclare menteur si vous prononcez un autre nom!

— Et aussi pour miss Mary Trevor, prononça lentement Rio-Santo.

En même temps il retira sa main et mit un doigt sur sa bouche. Son regard restait calme ; pas une ride ne vint à son front.

— Monsieur Perceval, reprit-il avec douceur, je ne crois pas avoir été au devant de votre provocation. J'aurais voulu votre amitié, vous en avez décidé autrement, qu'il soit fait suivant votre volonté.

Frank rougit de plaisir.

— A demain donc, monsieur, dit-il; ma volonté est que l'un de nous meure, et je remercie Dieu de trouver en vous un cœur de gentilhomme... A demain!

Rio-Santo fit son tour de bal, rendit ses devoirs aux dames, et revint s'asseoir auprès de Mary.

—Je vous ai vu causer avec Frank Perceval? lui dit tout bas et d'un ton d'inquiétude lady Campbell.

— C'est un fort aimable cavalier, répondit Rio-Santo.

VI

LA FILLE DU PENDU.

La carte donnée par Tyrrel l'Aveugle à la belle fille de taverne Susannah, le soir précédent au bord de la Tamise portait : *Wimpole-Street*, 9.

A midi, Susannah, exacte au rendez-vous, franchit la grille ouverte, monta les degrés de granit du perron et souleva le marteau de la porte du n° 9 de Wimpole-Street.

C'était une maison de fort belle apparence. Susannah n'eut pas besoin de redoubler son appel. La porte s'ouvrit au moment même où le marteau retombait. Un domestique à brillante livrée la reçut sans mot dire et la précéda dans la première pièce du rez-de-chaussée, où une suivante, qu'on eût prise volontiers pour une lady, était assise et semblait attendre.

A l'entrée de Susannah, la suivante se leva précipitamment et accomplit une révérence à la française, aussi gracieuse, aussi prolongée, aussi parfaite enfin que jamais soubrette de théâtre ait pu faire.

— Je vais annoncer madame la princesse à madame la duchesse, dit-elle ensuite en français. — Que madame la princesse veuille bien entrer au salon... à moins que madame la princesse ne préfère monter à son appartement... Madame la princesse est chez elle.

— Je le sais, répondit Susannah.

Elle entra dans un fort beau salon, meublé avec luxe et dans le style qu'on nomme *rococo* de l'autre côté du détroit. Elle se jeta dans un fauteuil. La femme de chambre sortit à reculons en faisant force révérences.

La belle fille de taverne avait reçu ce titre de princesse et ces marques de respect sans manifester le moindre étonnement. Elle avait quitté ses habits de la veille pour revêtir un costume élégant, mais bizarre et presque théâtral. Une robe de velours noir dessinait ses formes magnifiques; au lieu de chapeau, sa tête s'entourait d'un vaste voile de dentelle, jeté comme au hasard et dont les plis diaphanes laissaient voir, courant parmi sa chevelure, les facettes miroitantes d'un diadème de jais.

Au jour, comme à la lumière des lampes, elle était admirablement belle; mais on pouvait découvrir maintenant de la fatigue sous le fier repos des lignes de son visage ; on devinait que l'angoisse seule, une angoisse cruelle et longue et vaillamment combattue, avait pu voiler d'un nuage d'apathie le feu natif de ses grands yeux noirs.

Au jour enfin, il y avait moins de vigueur et moins d'audace virile dans la physionomie et dans la pose de cette merveilleuse créature. Le dédain de la veille avait pris aspect de souffrance ; c'était tant mieux pour ses charmes : trop de force étonne et repousse ; l'homme qui l'eût aperçue ainsi aurait éprouvé une sorte d'égoïste bonheur à sentir la faiblesse aimée de la femme derrière ces hautaines perfections.

Son coude s'appuyait au bras sculpté du fauteuil, et sa tête se penchait sur sa main. Elle ne donnait pas un regard aux magnificences du salon où elle entrait ainsi de plain-pied, presque au sortir d'une taverne. Son œil ouvert tombait, lourd et distrait, sur le lambris qui lui faisait face et qu'elle ne voyait point. — On aurait pu la prendre pour une de ces vénustes filles des campagnes circassiennes que l'esclavage du harem stupéfie, qui deviennent de pierre et ne gardent que cette beauté matérielle, suffisante pour les brutales voluptés d'un pacha.

Mais, à la mieux considérer, on voyait

que cet endurcissement, chez elle, n'affectait que les surfaces. Sous ce beau corps, immobile, froid, mort, il y avait une âme qui se taisait, qui sommeillait peut-être, — mais il y avait une âme.

Une porte du salon tourna sur ses gonds, tandis que la draperie qui la masquait glissait le long d'une tringle dorée. Sur le seuil se montra une figure de vieille femme qui disparaissait presque au milieu d'un flot exubérant de rubans et de dentelles. Au centre de cette figure, dont les traits aquilins et bien dessinés luttaient encore contre « l'irréparable outrage des années, » deux yeux vifs, mobiles outre mesure, perçans et curieux, brillaient sous des paupières agitées d'un tremblement nerveux.

Il y avait beaucoup d'astuce dans ces yeux-là, et beaucoup d'astuce encore dans l'ensemble des traits qui les accompagnaient. Il y avait aussi une aménité de commande et une certaine joyeuseté qui n'étaient pas sans distinction.

La propriétaire de ces yeux et du reste était une petite femme frêle et maigre, enveloppée dans une ample douillette de satin.

Elle s'arrêta sur le seuil et braqua son regard sur la jeune fille. Ce regard dura long-temps. C'était celui d'une femme experte et connaisseuse. Examen fait, elle laissa échapper un sourire et un geste de satisfaction.

— Parfait ! murmura-t-elle ; parfait !... Parlez-moi d'un aveugle pour déterrer les jolies femmes !

Elle toussa et laissa retomber la porte. Susannah se retourna lentement.

— Ma chère enfant, dit la vieille femme, je suis la duchesse douairière de Gêvres ; vous êtes, vous, la veuve de mon malheureux neveu, mort à la fleur de l'âge et que je regretterai toujours, le prince Philippe de Longueville... Embrassez-moi, chère nièce.

La vieille Française se pencha et baisa au front Susannah qui se laissa faire.

— Princesse, reprit-elle, vous vous souviendrez, j'espère, du nom de votre mari, que vous pleurez depuis six mois... Philippe de Longueville, ma chère belle, — Philippe— de—Longueville... Est-ce entendu?

Susannah leva ses grands yeux chargés de nonchalance sur sa nouvelle tante :

— Philippe de Longueville ! répéta-t-elle.
— Autant ce nom-là qu'un autre.

— Fi, Suzanne !... Vous vous appelez Suzanne ; nous enlevons la terminaison hébraïque... Fi, mon enfant !... Pas plus de respect que cela pour le nom des descendans de Dunois!... Nous sommes bâtards du sang royal, ma chère belle, et cent poètes ont chanté plus ou moins bien notre illustre ancêtre !

La vieille Française déclama cette tirade avec une emphase moitié sérieuse, moitié comique.

— Princesse, poursuivit-elle en approchant un fauteuil où elle enfouit brusquement sa petite personne, — vous êtes ma nièce, je suis votre tante, il faut que nous nous aimions beaucoup... La loi de nature est formelle à cet égard... Vous êtes vraiment la plus belle fille que j'aie rencontrée depuis soixante ans que je suis sur la terre!... Mais on vous l'a déjà dit sans doute?.... A propos, voici vos armes, ma chère nièce ; ce cachet sera désormais le vôtre.

Elle mit au doigt de Susannah un large anneau enrichi de brillans, au chaton duquel était gravé l'écusson de France avec la brisure d'Orléans et la contrebrisure de bâtardise.

— Parlons affaire maintenant, reprit-elle. D'abord, veuillez lire cette lettre qui est à votre adresse.

Susannah prit la lettre et l'ouvrit. Voici ce qu'elle contenait :

« En quittant l'homme qui vous a sauvé la vie hier au soir, vous avez gagné Goodman's-Fields, quartier des Juifs. Là, vous avez tourné long-temps autour des ruines d'une maison démolie... »

— La maison de mon père ! interrompit Susannah.

« Vous êtes revenue ensuite par Leadenhall-Street ; vous avez monté dans un fiacre au bout de Cornhill, auprès de la Banque, et vous vous êtes fait conduire à Warren's-Hôtel, Regent-Street, où vous avez passé la nuit. Ce matin, vous êtes partie avec le jour, à pied ; vous avez acheté ce costume qu'il vous faudra changer contre un autre plus décent ; puis vous avez passé deux heures à attendre au coin de Clifford-Street une personne qui n'est pas venue... »

— Qui n'est pas venue ! répéta tristement Susannah.

« Vous aviez grand désir de la voir, pourtant ! continuait la lettre qui semblait répondre à l'interruption de Susannah ; — vous avez quitté Clifford-Street, puis vous êtes revenue, puis vous vous êtes éloignée de nouveau pour revenir encore...

» Rien n'est caché pour l'œil ouvert désormais sur vos actions.

» ATTENDEZ.—Quand l'ordre viendra, soyez prête ; quand vous aurez obéi, silence ! »

Point de signature.

Susannah jeta la lettre et regarda la vieille femme en face.

— On m'a suivie, dit-elle ; à quoi bon ?...

Ces gens se disent puissans ; que m'importe?..
Ils me menacent : c'est folie de menacer une femme qu'on a rencontrée sur le chemin de la mort.

Les yeux perçans de madame la duchesse douairière de Gêvres se baissèrent sous le regard de Susannah, comme les cornes d'un limaçon se renfoncent au contact inattendu d'un corps étranger. Elle se sentit instantanément dominée et garda le silence long-temps après que la voix ferme et grave de Susannah eut cessé de vibrer à son oreille.

— Dieu me pardonne, mon enfant, dit-elle enfin d'un ton soumis et tout à fait exempt de cette nuance de raillerie qui perçait dans ses premières paroles, — vous allez beaucoup trop loin. On vous a suivie peut-être... je penche à le croire, mais c'est pure sollicitude. On se dit puissant : on l'est, ma fille, on l'est à un point que vous ne pouvez soupçonner... Quant aux menaces, fi donc! je prends sur moi de vous affirmer que vous vous trompez... Point de menaces!... Vous servirez à l'accomplissement d'un projet... de plusieurs projets.. que sais-je? Mais, en échange, vous aurez le luxe, vous aurez les plaisirs, vous aurez le bonheur...

— Le bonheur?... murmura la belle fille dont l'œil perdit sa morne fixité ; — il ne m'aime pas!

— Qui pourrait donc ne pas vous aimer, ma fille?

— Il ne me connaît pas !

— Tant mieux !... Savez-vous tout ce qu'il y a de séductions nouvelles en vous depuis hier ?... Hier, vous n'étiez que belle ; aujourd'hui, vous êtes riche et vous êtes princesse... Écoutez et croyez, Suzanne... A votre portée sont désormais des moyens dont la force est presque surnaturelle... De même que vous servirez cette puissance mystérieuse dont nous parlions tout à l'heure, de même cette puissance vous servira... Vous êtes dès aujourd'hui l'un des mille atomes qui la composent ; vous augmentez son irrésistible pouvoir et ce pouvoir est à vous... Ce que vous souhaiterez s'accomplira ; ce qui vous apparaissait comme un rêve plein de démence deviendra réalité...

Susannah s'était levée à demi. Son beau visage perdait graduellement son expression de morne insensibilité. Son œil scintillait par intervalles sous l'arc violemment tendu de ses noirs sourcils. Ses narines s'ouvraient, son sein battait ; une sorte de courant magnétique semblait injecter la vie à flots dans chacune de ses artères.

Elle n'était plus belle, elle était sublime.

La Française, éblouie par ce rayonnement soudain, se taisait et la regardait.

— Ce que je souhaiterai s'accomplira, répéta Susannah avec effort ; — ce qui m'apparaissait comme un rêve deviendra réalité...

Elle leva les yeux au ciel, et deux larmes descendirent lentement le long de ses joues.

— Oh! ce que je souhaite, reprit-elle en joignant les mains avec une exprimable passion ; —ce qui est mon rêve, c'est son amour!... Sont-ils assez puissans pour me donner son amour ?

La Française se prit à sourire et attira vers soi les deux mains de Susannah.

—Ils peuvent tout, répondit-elle en donnant à sa voix contenue une mystérieuse emphase. — Vous avez bien pleuré, n'est-ce pas?

— Oh! bien pleuré! répondit Susannah.

— Vous oublierez ce que c'est que les larmes... Dites-moi... l'homme que vous aimez est sans doute puissant et riche?

— Je le crois pauvre... Il venait bien souvent emprunter à mon père, — du temps qu'il y avait de l'or dans la maison qui est maintenant démolie, à Goodman's-Fields.

— Quel est son nom ?

— Brian de Lancester, répondit la belle fille avec un mouvement d'orgueil.

— Brian de Lancester ! répéta la Française qui ne put retenir une grimace de dédain, — le pauvre frère du riche comte de White-Manor !... Bon Dieu ! ma fille... Et c'est pour M. de Lancester, le pauvre garçon, que vous avez tant pleuré !...

Susannah retira vivement ses mains et son regard sévère renfonça les paroles dans le gosier de la duchesse douairière de Gêvres.

— Je l'aime, dit-elle en relevant sa tête avec cet air de reine que nous lui connaissons ; — je suis fière de l'aimer.

— Vous avez raison, ma toute belle; répliqua timidement la vieille femme; je suis Française et j'aime à rire : il ne faut pas vous fâcher contre moi... Après tout, l'Honorable Brian de Lancester héritera peut-être un jour de White-Manor et de la pairie... C'est lui que vous cherchiez au coin de Clifford-Street ?

Susannah fit un signe de tête affirmatif.

—Pauvre chère enfant! s'éria la duchesse, — mais s'il avait passé devant vous il ne vous aurait pas aperçue; — s'il vous avait aperçue, il ne vous aurait point remarquée; — s'il vous avait remarquée, vous étiez perdue!... N'ouvrez pas ainsi vos beaux yeux étonnés, ma fille... perdue, je le répète!... Bon Dieu! pensez-vous que Brian de Lancester, tout original et fou qu'il soit,... — je vous prie de m'excuser, — aille se prendre ainsi de passion pour les demoiselles qu'il rencontre par hasard au coin des rues?

— C'est vrai! murmura Susannah, qui pâlit comme on fait après un danger évité.

— Ce n'est pas ainsi qu'il vous faut le rencontrer, princesse, c'est dans quelque splendide raout du West-End.... à Almack.... au Park, derrière les glaces de votre équipage armorié.

— C'est vrai, c'est vrai, dit encore Susannah ; — le luxe, la richesse, il m'avait fait oublier tout cela... Hier, on m'a promis du luxe...

Elle se leva et, comme si ses yeux se fussent dessillés tout-à-coup, elle promena son regard autour du salon. Ce qu'elle vit la fit sourire joyeusement, et sa joie était noble et belle comme sa douleur.

— C'est bien, reprit-elle ; — on m'a tenu parole. Tout cela est presque aussi brillant que la maison de Goodman's-Fields, — qui est maintenant démolie, — avant que mon père fût pendu... Oh! je vivrai, ici, comme autrefois... je peindrai de belles fleurs, et je vous en donnerai, madame... je chanterai... puis je le verrai... Quand le verrai-je ?

Susannah avait prononcé les premiers mots d'un ton rêveur et plein de doux ravissement; ce fut d'une voix brusque et passionnée qu'elle fit cette dernière question.

La vieille femme réfléchit un instant, croisant ses petites mains ridées sur ses genoux, et fermant les yeux à demi :

— Vous le verrez ce soir, dit-elle enfin.

— Ce soir! s'écria Susannah qui bondit

comme une jeune biche et parut en proie à une sorte de délire ; — ce soir !

Puis, reprenant son attitude de grâce exquise et hautaine, elle tendit sa main à la Française et lui dit avec une expression d'infinie gratitude :

— Merci ; je vous aimerai.

La vieille femme secoua lentement la tête.

— Ma pauvre enfant, vous l'aimez bien, vous l'aimez trop. Un tel amour est dangereux parce qu'il exclura la prudence... Saurez-vous avoir des secrets pour lui ?

— Non, répondit Susannah, je lui dirai tout.

— Vous vous perdrez, ma fille!...

— Qu'importe?...

— Et vous le tuerez?

Susannah perdit son sourire et fronça le sourcil.

— Je ne menace pas, mon enfant, reprit la Française; —votre colère est superflue; je dis ce qui est... je connais, comme tout le monde, le caractère excentrique et audacieux de l'Honorable Brian de Lancester. Si vous dites un mot, il comprendra le reste, il devinera, il voudra combattre... Or, combattre contre eux c'est mourir. Il est seul, l'association est si nombreuse, qu'elle ne sait plus compter ses membres. Il est cadet de famille, simple gentilhomme et pauvre ; il y a parmi nous des lords et des gens dont l'opulence est passée en proverbe.... Au premier choc, il sera brisé comme verre.

— Je me tairai, interrompit Susannah.

— Je le crois; vous vous tairez, ma fille, poursuivit la douairière en attachant sur sa nièce improvisée un regard profond et scrutateur ; — vous vous tairez, car vous savez qu'il y a des yeux et des oreilles ouverts autour de vous... Vous saurez savourer le bonheur présent et ne point engager une lutte insensée... Vous êtes la princesse de Longueville ; quels secrets peut-on vous demander ? Vous lui donnerez votre amour ; n'est-ce donc pas assez pour un pauvre gentilhomme que l'amour de la veuve d'un prince qui a vingt ans, qui est plus belle qu'un ange et qui est plus riche qu'une reine?...

— Non, oh! non, ce n'est pas assez, dit Susannah; — si j'étais véritablement reine, ce ne serait pas assez encore, car Brian est au dessus de tout; — mais je me tairai... Vous m'avez dit que je le verrais ce soir?

— Je vous tiendrai parole, ma fille.

La Française se leva et sonna. La femme de chambre parut, et, sur un ordre, apporta ce qu'il faut pour écrire.

— Il est trois heures, murmurait la duchesse douairière tout en traçant quelques mots sur le papier; — nous avons trois heures encore; c'est plus qu'il ne faut... Donnez ce billet à Joe, Mariette, et ordonnez-lui qu'il le porte en courant au docteur... Donnez cet autre à Dick; il faut que le major l'ait dans une demi-heure... Faites aussi que Ned tienne prête pour six heures et demie la voiture de madame la princesse... Allez !

La femme de chambre sortit.

— Ma chère nièce, reprit la duchesse, il y a ce soir une représentation allemande au théâtre de Covent-Garden... Par extraordinaire, le fashion désertera aujourd'hui King's-Theatre.... Commencez votre toilette, ma chère belle; nous irons à la représentation allemande.

— Et Brian?

— L'Honorable Brian de Lancester y sera.

— Comment savez-vous?...

— Il y sera, ma fille.

VII

EDWARD AND C⁰.

Il y avait alors, un peu au delà de l'angle formé par Finch-Lane et Cornhill, une ruelle étroite, à peine macadamisée, du fond de laquelle on n'apercevait qu'une mince bande du ciel en demi-deuil. Cette ruelle longeait l'un des côtés d'une énorme maison carrée, qui donnait d'autre part sur Finch-Lane et aussi sur Cornhill où s'étalait sa vaste façade.

Depuis, M. Nash a passé par là. Son impitoyable niveau, heurtant les vieux murs de la maison carrée, l'a mise bas, ni plus ni moins que si c'eût été une baraque. A sa place, on a élevé des maisons de Londres, ce qui est tout dire.

Par compensation; la ruelle sans nom a disparu.

En ce temps, Finch-Lane était encore plus boueux et plus noir qu'aujourd'hui. La ruelle n'ajoutait pas peu à sa mauvaise renommée.

On n'y voyait guère que de ces ombres de courtiers qui promènent autour de Royal-Exchange leur famélique et orgueilleuse misère. Ceci pendant le jour.

Pendant la nuit, des feux rougeâtres apparaissaient au fond de la ruelle. Des clameurs sortaient des sombres tavernes. On entendait le son fascinateur de l'or remué, la voix provocatrice des courtisanes et les rauques malédictions des querelles populaires.

Aucune des conditions qui font les excellens coupe-gorges ne manquait à ce lieu d'élite. Pauvre au milieu d'un quartier riche, sombre à deux pas d'une voix splendidement éclairée, il n'avait pas même à désirer le voisinage d'un bureau de police, cette suprême protection des retraites suspectes. Le poste de Bishop's-Gate veillait à quelques centaines de pas tout au plus, à portée d'entendre, presque à portée de voir.

La partie du rez-de-chaussée de notre grande maison qui donnait sur Cornhill était occupée par deux beaux magasins jumeaux. Le premier montrait derrière les glaces de ses croisées un magnifique assortiment de bijouterie ; l'autre contenait tous les divers objets qui constituent la toilette des deux sexes, depuis les bottines vernies, les bas à jour et les manchettes, jusqu'aux fracs confectionnés et aux cachemires de l'Inde.

Ces deux magasins, parfaitement achalandés, faisaient merveilles. — On lisait sur l'enseigne du bijoutier le nom de Falkstone ; sur celle du costumier le nom de Bertram.

Sur Finch-Lane s'ouvrait, toujours dans la même maison, une boutique de changeur ; mais ici l'aspect était tout différent. Finch-Lane, rue étroite et encaissée, formait une espèce de moyen terme entre la grande artère et la noire allée dont nous avons parlé. Le jour y était déjà plus sombre, ce qui, joint à la disposition particulière des rideaux et grillages intérieurs, donnait au change-office une physionomie presque mystérieuse. Nonobstant, il ne s'y passait rien de fort extraordinaire, il faut le croire, car, tant que durait la journée, on y troquait des bank-notes contre de l'or et de l'or contre des banknotes.

A côté du changeur, il y avait un brocanteur. Ici, une couche d'ombre de plus. On était moins près du street et plus avant dans le lane. Le brocanteur allumait ses lampes vingt minutes avant le changeur.

Le changeur se nommait M. Walter; le brocanteur s'appelait Peter-Practice.

Enfin, sur les derrières de la maison, dans l'étroite allée actuellement détruite, s'ouvraient huit ou dix fenêtres grillées, dont les carreaux blanchis à la craie ne laissaient point pénétrer les regards indiscrets à l'intérieur.

C'était là que se tenaient les bureaux de la maison de commerce Edward and C°.

Quel commerce faisait cette maison? Nul n'aurait pu le dire au juste, et ce mystère préoccupait fortement les petites marchandes de Finch-Lane et les grosses marchandes de Cornhill. On disait bien vaguement et sans savoir qu'Edward and C° tenaient entrepôt de marchandises étrangères.—Quelles marchandises?

On voyait souvent des hommes arriver avec des paquets; on voyait parfois des charriots s'arrêter à la porte. Ballots et paquets entraient, mais jamais, au grand jamais on ne voyait rien ressortir.

C'était, on en conviendra, fort étrange.

Il y avait telle rouge mistress Brown, telle étique mistress Black, telle lymphatique mistress Krubb, qui se seraient passées de thé pendant trois quarts d'heure pour savoir ce que vendait la maison de commerce Edward and C°.

Mais elles auraient voulu encore savoir bien autre chose.

Pourquoi, par exemple, n'apercevait-on jamais ni commis ni maître dans cette maison extraordinaire ? Ceux qui avaient pénétré dans les bureaux soit sous prétexte de prendre une bank-note sans escompte, soit sous tout autre prétexte usité commercialement, avaient vu des grillages ; derrière ces grillages d'impénétrables rideaux verts, voilà tout.

Un valet à livrée couleur de feu, qui se tenait à la porte d'entrée, était le seul être vivant qui montrât son visage dans ce singulier office.

Pourquoi, en outre, — et ceci était vraiment fait pour harceler la curiosité des boutiquiers des alentours, — pourquoi le costumier, le bijoutier, le brocanteur et le changeur étaient-ils venus s'établir là en même temps tous les quatre, et en même temps que les bureaux de la maison Edward et C° s'installaient sur la ruelle sans nom ?

Peut-être, beaucoup l'avaient pensé d'abord, Edward and C° étaient-ils commanditaires de ces quatres marchands subalternes que nul ne connaissait du reste dans la Cité ; mais alors pourquoi ne se fréquentaient-ils point entre eux et surtout pourquoi n'avaient-ils aucun rapport, ne fût-ce que de simple voisinage, avec les bureaux Edward and C°.

C'étaient là de graves questions, et ardues, et insolubles ! Mistress Brown, mistress Black et mistress Krubb, sans parler de mistress Dodd et aussi de mistress Bloomberry, leurs voisines, en causaient tous les jours de la vie avec mistress Bull, mistress Footes et mistress Crosscairn, sans pouvoir avancer d'un pouce la solution du problème.

De temps en temps, tous les mois environ,

on voyait s'ouvrir les larges croisées du premier étage donnant sur Cornhill. Un beau, un magnifique gentleman apparaissait alors derrière les soyeuses draperies des rideaux. Quel était ce gentleman ? Était-ce le chef de la maison Edward and C° ?

Sur cette question encore, toutes les mistresses susnommées jetaient leurs huit langues aux chiens.

Ce que l'on savait, c'est que Edward and C°, le brocanteur, le changeur, le costumier et le bijoutier étaient là depuis un an, qu'ils faisaient en apparence de très bonnes affaires et qu'il n'y avait pas le plus petit mot à dire sur leur crédit.

Une fois les huit marchandes et huit douzaines d'autres marchandes que nous aurions pu nommer ici, si la fantaisie nous en fût venue, crurent avoir trouvé le mot de l'énigme. Elles avaient vu une trentaine d'hommes robustes et pauvrement couverts franchir le seuil d'Edward and C°. Evidemment, ces hommes étaient des matelots ; évidemment, ils venaient chercher de l'emploi ; évidemment, Edward and C° étaient des courtiers d'engagement.

Bon et lucratif et moral métier !

Excellent raisonnement !

Mais, au bout d'un mois, on vit revenir les mêmes hommes. Ces matelots s'engageaient bien souvent! Au bout d'un autre mois, on les vit revenir encore ; puis encore, au bout du troisième mois. Ce n'étaient pas des matelots.

Qu'était-ce donc ?

On alla jusqu'à parler de choses inouïes : — de ténébreuses associations, de criminels trafics, de brigands !... des sottises enfin dont les gens raisonnables auraient eu pudeur de s'occuper.

Quoi qu'il en soit, le lendemain du bal de Trevor-Place était justement le jour choisi par les prétendus matelots pour rendre visite aux bureaux de la maison de commerce Edward and C°. Vers onze heures du matin, on les vit arriver par escouades et franchir la porte de la maison carrée qui donnait sur la petite ruelle.

Le valet en habit couleur de feu les reconnaissait, saluait et livrait passage.

Il y en avait trente-six. — Quand le trente-sixième fut passé, le valet ferma la porte à double tour et se retira.

Les trente-six nouveau-venus étaient presque tous des gaillards robustes, à la mine déterminée. Quelques uns portaient au visage ces ignobles traces que laissent les habitudes de débauche; d'autres gardaient sur la joue d'honorables blessures, résultat d'une rencontre récente au pugilat; d'autres enfin montraient une face nette et pleine entre la double haie de leurs épais favoris. Ceux-là n'avaient point l'air d'avoir balayé fort longtemps la boue de Londres, mais on n'eût point aimé à les rencontrer la nuit en rase campagne par les chemins déserts. Ils avaient réellement des physionomies d'honnêtes et intrépides outlaws. Sauf le costume, les compagnons de Robin Hood devaient jadis avoir de ces tournures-là.

Un ou deux jeune gens à peine sortis de l'enfance faisaient partie de la réunion.

La plupart d'entre eux ont déjà passé sous nos yeux, et le lecteur eût reconnu dans cette honorable assemblée bon nombre de nos nocturnes navigateurs de la Tamise.

Ainsi se trouvaient là le robuste Tom Turnbull, qui, à la lumière du jour, il faut le dire à sa louange, avait tout l'air d'un déterminé coquin, — le gros Charlie, rameur du bateau amiral commandé la veille au soir par le bon capitaine Paddy O'Chrane, — Patrick, Saunie l'aboyeur, Snail le miauleur, et les autres dont nous n'avons point prononcé les noms.

Il ne manquait là que le bon capitaine lui-même, son frac bleu à boutons noirs, sa culotte chamois et sa canne sauvée naguère du naufrage.

Le bureau où ils se trouvaient réunis était une grande pièce coupée en deux par un grillage aux mailles duquel se collait un opaque rideau vert. Ce grillage avait de petites fenêtres. Au dessus de l'une d'elles se lisait le mot : CAISSE.

Nos trente-six gaillards savaient lire assez pour déchiffrer ce mot magique.

Ils s'étaient assis en silence sur un banc de bois disposé comme un divan tout autour de la chambre. Le dernier venu seulement, ne trouvant point de place sur le banc, se tenait debout dans une embrasure et collait son nez aux vitres dont la transparence se cachait sous une épaisse couche de craie.

Au premier aspect, on eût dit qu'il essayait de regarder à travers cette opaque barrière ; mais, à le considérer mieux, on aurait pu reconnaître qu'un travail moins matériel occupait son esprit. L'index de sa main droite parcourait rapidement, l'un après l'autre, chacun des doigts de sa main gauche : il supputait, il additionnait. Cet homme était un calculateur en haillons.

En haillons n'est pourtant pas tout à fait le mot. Les diverses pièces du costume de cet homme tenaient encore dans la plus rigoureuse acception du terme, mais elles ne tenaient pas beaucoup. Il avait un court paletot étriqué comme en portent les lightermen (bateliers d'allèges) sur une chemise bleue, un pantalon de cotonnade rayée, fendu au dessus de la cheville et laissant voir des bas immodérément rapiécés. Sa coiffure consistait en un vieux chapeau de feutre à bords microscopiques, sa chaussure en souliers dont la semelle avait bien deux pouces d'épaisseur.

Malgré l'exhaussement produit par ces formidables galoches, notre homme était de fort petite taille, et ses membres disgracieusement attachés offraient un ensemble dépourvu de toute symétrie. En revanche, chacun de ses membres pris en particulier avait un vigoureux dessin. Les bras longs et musculeux se renflaient tout-à-coup au dessous du coude; les jambes contournées en dedans descendaient comme il faut sur un jarret de fer ; la tête enfin se plantait gauchement, mais ferme entre deux épaules d'une largeur fort respectable.

Quant à son visage, on ne peut dire qu'il eût une expression commune. Le chapeau avait beau être petit, il ne laissait à découvert qu'un front large tout au plus comme trois doigts. De ce front, partait sans transition aucune un nez aquilin, mince, pâle, fortement busqué, dont les étroites narines avaient peine à introduire la quantité d'air indispensable à la respiration. Point de barbe, si ce n'est, çà et là, quelques durs baliveaux de couleur roussâtre qui perçaient, à une ligne d'intervalle, la peau chagrinée de sa joue. Une bouche mince et rentrée, aux deux côtés de laquelle un sourire d'habitude avait creusé deux petites rides assez joviales. Un regard pénétrant, cauteleux parfois, parfois hardi sous les poils recourbés de sourcils roux et touffus. — Un ensemble de physionomie enfin exprimant à la fois une sorte de bonhomie native, une avidité sans limites et la dure insousiance qui trône sur presque tous les fronts des enfans du Londres populaire.

Tel était notre homme au repos. Quand il venait à se mouvoir, tout l'ensemble de sa personne s'enduisait d'une couche plus épaisse de laideur. La disgrâce de ses mouvemens atteignait à l'ignoble, et les rides mouvantes de sa bouche se mêlant d'une façon rapide et bizarre donnaient à sa figure un caractère d'audace cruelle et d'humble hypocrisie.

Avant de dire son nom, que le lecteur connaît, nous ajouterons un trait qui a son originalité : partout, à son pantalon, à son paletot, à son gilet, et jusqu'à sa chemise, il avait des poches. Son paletot seul en comptait cinq. La principale, placée à un endroit où la coutume évite d'en mettre d'ordinaire, descendait de la ceinture à la hauteur de mi-cuisse, par devant, et se trouvait solidement doublée en cuir. Les autres, vastes et consciencieusement cousues, se dissimulaient de leur mieux.

Cet homme était Bob-Lantern, notre assassin de Temple-Church.

Les trente-cinq compagnons de Bob-Lantern étaient au complet depuis quelques minutes, lorsqu'une voix s'éleva derrière les rideaux verts.

— Etes-vous là? demanda-t-elle.

— Nous sommes tous là, monsieur Smith, répondit Tom Turnbull, le vigoureux garçon qui semblait exercer une certaine influence sur le reste de la troupe.

— Nous sommes là! répéta en fausset le petit Snail.

On entendit, derrière le rideau, le bruit strident et sec du tourniquet d'une serrure à combinaisons.

— Etourdi que je suis! dit au même instant l'invisible M. Smith ; — j'ai oublié de faire changer mon papier... Nicholas!

Et comme on n'arrivait pas assez vite à son appel, il secoua violemment une sonnette.

Nicholas, le valet en habit couleur de feu, entra aussitôt par une porte intérieure dans le réduit réservé où se tenait M. Smith. Celui-ci lui mit entre les mains une liasse de bank-notes.

— De la monnaie ! dit-il ; — tout de suite !

Nicholas sortit.

— Avez-vous entendu, vous autres? dit Tom Turnbull à voix basse ; — de la monnaie !

— Eh oui! Tomy, mon mignon, répondit le gros Charlie en dirigeant sa salive noircie par le tabac au beau milieu d'un carreau blanchi, — on va nous chercher de la monnaie !

— Charlie a raison, appuya Snail, enfant demi-nu, dont les traits, flétris déjà, reflétaient, en gerbe, toutes les passions mauvaises.

— Tais-toi, Snail, méchant escargot ! reprit rudement Charlie; — on sait que j'ai raison, bambin maudit.

— Oui, Charlie, grommela l'enfant; on sait cela, Charlie.

Tom Turnbull s'était levé. Puis, sans mot dire, il était monté sur le banc afin de voir par dessus le grillage.

— Que diable fais-tu là, Tomy? demanda Charlie.

— Oui, Tomy, que diable fais-tu là? ajouta l'aigre voix du petit Snail.

Tomy retomba sur ses pieds au milieu de ses compagnons et mit un doigt sur sa bouche.

— Chut! siffla-t-il tout bas.

— Chut!!! imita Snail avec force gestes pour recommander le silence.

Charlie lui tira l'oreille.

— Je t'étoufferai quelque jour entre mes deux cuisses, méchant avorton, murmura-t-il; — et toi, Tomy, qu'as-tu à dire?

Snail miaula plaintivement.

Tomy rassembla toute la troupe en cercle autour de lui.

— Ici, — derrière, — à deux pas de nous, dit-il en coupant sèchement sa phrase, — il y a une caisse de fer, une caisse ouverte.

— Eh bien ?...

— Dans cette caisse, point d'argent...

— Tant pis !

— Point d'or...

— Ah ! bah !...

— Taisez-vous, pour l'amour de Satan! s'écria Tom Turnbull. J'assomme le premier bavard !

Snail se retira prudemment au dernier rang.

— Point d'or ! répéta Turnbull ; savez-vous pourquoi il n'y a point d'or ?...

— Non, Tomy ; tu vas nous le dire.

— C'est que la place manque ! c'est que, depuis le haut jusqu'en bas, il y a des bank-notes...

Tous les yeux brillèrent; un sourd murmure s'éleva.

— C'est que, reprit Tom, il y a là, — derrière, — à deux pas, — de quoi faire chacun de nous millionnaire.

Le murmure grossit. Une avidité passionnée se peignit sur tous les visages. Tous les regards attaquèrent la grille.

—Patience! mes amis, patience! dit M. Smith qui prenait cela pour un signe d'ennui.

M. Smith était assis devant son bureau et lisait tranquillement les colonnes immenses et serrées du journal le *Times*.

Impossible de vous faire son portrait. Ce pouvait être un fort bel homme, mais de larges lunettes vertes et un garde-vue d'une dimension extrordinaire masquaient presque entièrement son visage.

— Millionnaire! murmura le petit Snail; c'est fameux d'être millionnaire!

— Millionnaire ! répéta le gros waterman Charlie.

— Mes chéris, dit une voix qu'on n'avait point encore entendue, — il faut de la prudence.

— Bob-Lantern ! s'écria-t-on de toutes parts : d'où diable sors-tu, Bob-Lantern ?

Bob-Lantern avait quitté doucement la position qu'il occupait auprès de la fenêtre pour se joindre au groupe qui entourait maintenant Tom Turnbull.

Tout le monde s'était tourné de son côté. Il fit un signe de main pour réclamer le silence, cligna de l'œil et dit tout bas :

— Je ne fais jamais plus de bruit qu'il ne faut, mes chéris. Je suis là depuis que vous y êtes... Ah ça! j'ai été vous chercher ce matin, de la part de Son Honneur, mais si j'avais su que vous alliez faire comme ça les méchans!...

— Maître hypocrite! dit Tomy, tu va nous aider tout le premier... Je te dis qu'il y a là des monceaux de bank-notes!...

— C'est durement tentant! riposta Lantern qui passa sa langue sur sa lèvre. — Si on pouvait travailler tout doucement... je ne dis pas... Le capitaine ne va pas venir, au moins?

— Non, répondit Charlie.

— C'est durement tentant! répéta Bob qui se prit à réfléchir.

Il se glissa jusqu'à la grille qu'il ébranla avec précaution.

—Patience, mes amis, patience! dit M. Smith qui lisait toujours son journal.

— C'est fort, murmura Bob-Lantern; c'est durement fort!

— Fort! répéta Tom Turnbull en haussant les épaules; écoutez, vous autres, êtes-vous des hommes?

— Oui, Dieu me damne! répondit le petit Snail.

—Que faut-il faire? demandèrent les autres.

Tom ne répondit pas, mais il bondit en avant et lança sa botte massive dans la menuiserie qui soutenait le grillage.

Le grillage trembla, mais ne tomba pas.

— Qu'est cela? s'écria M. Smith d'une voix émue et courroucée.

Tom voulait redoubler. Bob-Lantern l'arrêta.

— Tu fais trop de bruit, mon petit, dit-il; — il faut toujours s'arranger pour ne donner qu'un coup.

Et, sans prendre d'élan, sans faire en apparence de grands efforts, il frappa la serrure du grillage d'un coup si violent de son talon ferré que la serrure vola en éclats.

Cela fait, il se jeta de côté, laissant la foule se ruer dans le bureau réservé.

— Je n'ai donné qu'un coup, murmura-t-il avec satisfaction, mais il était durement joli !

Lorsque nos trente-six assiégeans s'élancèrent dans l'enceinte réservée, M. Smith, averti par le premier coup de Tom Turnbull, essayait de se mettre en défense. Il avait roulé son bureau entre la porte et la caisse, et maintenant il tâchait de fermer cette dernière, mais, dans son trouble, il n'y pouvait point réussir. Un pan de sa redingote, pris dans la jointure, rendait vains tous ses efforts.

— Ne vous donnez pas tant de peine, monsieur Smith, dit rudement Tom Turnbull ; —

l'affaire est faite, et, si vous êtes gentil, nous vous laisserons partager.

— Misérables ! s'écria M. Smith, dont le garde-vue laissait voir un bas de visage plus pâle que celui d'un mort. — Avant de toucher à cette caisse, vous m'assassinerez sur place.

— Ça peut se faire, répondit froidement Tom Turnbull.

Un immense éclat de rire accueillit cette saillie.

— Ça peut se faire ! répéta le petit Snail ; Dieu me damne ! ça peut se faire.

Bob-Lantern avançait le cou derrière la porte et plongeait son regard cauteleux et tout brillant d'intelligence jusqu'au fond de la caisse.

— Le fait est que le coup promet, murmura-t-il ; mais j'ai vu de ces plaitanteries-là tourner durement mal...

L'intérieur du bureau réservé formait à peu près la moitié de la pièce. Il était meublé comme tous les bureaux. A droite s'ouvrait une porte, qui communiquait à d'immenses magasins servant à la maison Edward et C° ; à gauche, un escalier tournant montait au premier étage.

Nos assaillans ne prirent point souci de remarquer tout cela. Ils avaient autre chose à faire. Tandis que Tom, Charlie et d'autres tournaient la table que M. Smith avait jetée comme un rempart au devant de la caisse, un autre, plus agile ou plus pressé, sauta sur cette table en criant :

— A moi la première part.

— Bravo, Saunie ! dit la foule.

M. Smith cessa tout effort pour fermer la caisse.

—A toi la première part! répéta-t-il en mettant rapidement sa main dans son sein d'où il tira une paire de pistolets.

Il visa. Saunie chancela. Sa cervelle éclaboussa les assaillans qui reculèrent.

— Ah! c'est comme ça! dit Bob-Lantern en faisant retraite jusque auprès de la porte d'entrée.

Mais les autres n'imitèrent pas son exemple. Tom Turnbull et Charlie, s'élançant en même temps, renversèrent M. Smith. Turnbull chercha son couteau pour le lui mettre dans la gorge.

A ce moment, il se passa quelque chose d'étrange. Tous les assaillans, à l'exception de Turnbull et de Charlie, subitement saisis d'une panique terreur, firent comme Bob-Lantern et se retirèrent lestement derrière le grillage, laissant le cadavre de Saunie étendu sur la table. Tous se cachèrent de leur mieux, la tête basse et de l'air qu'ont les enfans surpris en faute par un professeur sévère.

Voici ce qui causait cette terreur.

Au bruit du coup de pistolet, amorti pour la rue, mais qui avait dû retentir fortement à l'intérieur de la maison carrée, un homme masqué de noir s'était montré au haut de l'escalier.

Tous l'avaient vu, excepté Charlie et Tom, lesquels étaient sérieusement occupés.

L'homme masqué s'adressant au caissier, lui dit avec nonchalance :

— Pourquoi ce bruit, monsieur Smith? J'ai besoin de repos... Que l'on fasse silence!...

Turnbull et Charlie lâchèrent prise en entendant cette voix et levèrent la tête ; puis ils reculèrent de plusieurs pas, tremblant de la tête aux pieds.

— Son Honneur ! dit Tom.

Charlie prit une posture suppliante.

— Ils sont durement pincés murmura Bob-Lantern dans son coin. J'avais toujours pensé que ce diable d'escalier menait quelque part...

Son Honneur reprit à pas lents le chemin par où il était venu.

Charlie et Tom s'en furent piteusement rejoindre leurs camarades.

M. Smith se releva et remit son bureau à sa place.

— Il faudra me débarrasser de cela, dit-il froidement en montrant le cadavre de Saunie.

— Oui, monsieur Smith, répondit respectueusement Turnbull.

Comme si de rien n'eût été, M. Smith ouvrit le *Times* et reprit sa lecture où il l'avait interrompue, en attendant que Nicholas apportât la monnaie.

VIII

DES DEUX COTÉS DE LA RUE.

Les trente-cinq individus qui venaient de faire le siége de la caisse Edward and C° demeurèrent une minute ou deux sous l'impression de l'apparition qui avait mis fin à leur émeute. Cette impression était sans doute bien vive et profonde ; car ils n'osaient plus souffler le mot. Les plus turbulens étaient maintenant les plus timides. Turnbull se cachait derrière Charlie, lequel essayait vainement de mettre son embonpoint à l'ombre de la maigreur du petit Snail. — Personne ne pouvait se cacher derrière Bob-Lantern, attendu que ce digne garçon s'était, pour ainsi dire, incrusté dans la muraille.

Au dehors, quelques petites marchandes et aussi quelques grosses marchandes avaient cru entendre quelque chose comme un coup de pistolet. Mistress Black s'en fut chez mistress Brown qu'elle conduisit chez mistress Crubb, laquelle se joignit à elles pour rendre visite à mistress Bloomberry. Chez cette dernière, mistress Dood prit à témoin mistress Bull que la ruelle sans nom était habitée par le diable sous le pseudonyme d'Edward and C°. Mistress Foote et mistress Crosscairn affirmèrent que la chose n'était point absolument impossible.

On causa beaucoup, et tous les doutes se noyèrent dans plusieurs décalitres de thé.

Au bout de trois minutes, Snail, qui n'aimait point à rester en place, fit un mouvement; Charlie se redressa; Tom Turnbull toussa discrètement. La glace était rompue.

— Pauvre Saunie ! murmura Turnbull.

— Pauvre Saunie ! répéta le petit Snail en

faisant mine de pleurer ; — il aboyait si bien !

Ce petit Snail était un extrait de bandit assez curieux à voir. Il paraissait avoir treize ans tout au plus ; mais son visage pâle, flétri, jaune, ridé, ressemblait déjà à un visage de vieillard. Ses traits avaient une expression double : tantôt ils respiraient l'abrutissement le plus complet, tantôt ils s'illuminaient d'un rayon de malice véritablement diabolique. Il avait à peine la taille d'un enfant de onze ans, car ses membres grêles, sans muscles et dessinés tout d'une pièce, n'annonçaient nullement l'approche de la puberté. Comme tous les enfans, mauvais ou bons, il tâchait volontiers de se hausser jusqu'à l'importance d'un homme, et, par le fait, il avait descendu déjà assez de degrés de l'échelle du mal pour prétendre à quelque considération parmi son entourage.

— Pourquoi M. Smith ne nous a-t-il pas dit tout de suite que Son Honneur était là-haut? gronda Charlie en lançant au caissier un regard peu bienveillant, — nous serions restés tranquilles.

— Ça aurait pu s'arranger, dit tout bas Bob-Lantern, si on n'avait pas fait de bruit... Quant à Son Honneur, celui-là serait bien fin qui pourrait dire d'avance où il sera et où il ne sera pas...

— Tu le connais, toi, Bob? interrompit Tom Turnbull avec une ardente curiosité.

— Moi !... Mes chéris, la vie est durement chère, et je ne m'occupe que de mes petites affaires... Tant il y a que M. Smith a jeté bas Saunie comme il faut... On ne peut pas dire non.

— Pauvre Saunie ! dirent encore quelques voix.

Et le petit Snail répéta lamentablement :— Il aboyait si bien !

Bob quitta son coin et s'approcha du cadavre qu'il tâta un instant en connaisseur.

— C'était un gaillard solide, reprit-il enfin. Ça fera un sujet passable, et on en aurait bien une guinée là-bas à la Résurrection... Qui veut m'aider à l'emporter ?

— Que personne ne bouge! s'écria Turnbull. Ce corps est à moi.

— Pourquoi cela, Tom?

— Parce que, répondit Turnbull en essuyant une larme, Saunie était mon ami... c'est bien le moins que je profite de son pauvre corps!

Ce sentimental argument fut admis par tout le monde et le corps de Saunie fut décerné à Turnbull, son meilleur ami, pour que ledit Turnbull le vendît une guinée aux résurrectionnistes.

Bob s'éloigna du cadavre avec une grimace de dépit.

A ce moment, Nicholas, le domestique à livrée couleur de feu, entra dans le bureau, sans se douter des malheurs que son retard avait manqué d'occasionner. A l'aspect du corps de Saunie et du grillage rompu, il ne manifesta aucune surprise, ce qui tendrait à faire croire qu'il voyait souvent d'étranges choses dans les bureaux d'Edward et C°.

Il remit à M. Smith un sac pesant que celui-ci vida sur son bureau qui fut en un instant couvert d'or.

M. Smith fit trente-six petites piles de cinq guinées chacune. Ensuite, il prit dans l'un de ses tiroirs une pancarte où se trouvaient inscrits trente-six noms et il fit l'appel. Chaque fois qu'il prononçait un nom, un homme se présentait qui recevait cinq guinées.

A l'appel du nom de Saunie, Turnbull et Bob-Lantern se présentèrent à la fois.

— J'étais son meilleur ami! dit Turnbull avec emphase.

— Tu as déjà le cadavre, riposta Bob qui avança la main pour saisir l'or.

Turnbull ferma ses gros poings.

— N'y touche pas! dit-il, ou je t'assomme.

Bob mit la main sous sa chemise et caressa la lame du couteau qui ne le quittait jamais. En même temps ses jambes torses se ramassèrent sous lui; ses yeux lancèrent un fulminant éclair. — Turnbull pâlit et crut sentir déjà le froid du couteau entre ses côtes.

Mais Bob Lantern se ravisa et regagna son coin d'un pas fort paisible. Il venait de voir M. Smith attirer à soi les cinq guinées et les rejeter parmi le tas d'or qui s'amoncelait à l'autre bout du bureau.

Turnbull le vit aussi. Son premier mouvement fut de s'élancer sur M. Smith. Il n'en fit rien.

— Sans la crainte de Son Honneur, qui est le diable ou qelque chose de pire, grommela-t-il en refoulant au dedans de soi sa furieuse colère, — je t'enfoncerais tes lunettes vertes dans le crâne, misérable valet !

M. Smith entendit peut-être. Il fit comme s'il n'avait point entendu.

La dernière pile de cinq guinées fut enlevée au moment où l'on prononçait le dernier nom de la liste.

—Maintenant, dit M. Smith, en montrant le cadavre de Saunie, débarrassez-moi de cette ordure, et soyez plus sages une autre fois.

—Il faudrait un sac, monsieur Smith, répliqua Turnbull, et de la paille,—pour l'emballer... le pauvre cher garçon!

M. Smith sonna Nicholas, qui apporta un sac et de la paille. En deux tours de mains le malheureux Saunie, convenablement *em-*

ballé, ressembla comme deux gouttes d'eau à un colis de roulage. En cet état, Tom Turnbull le chargea sur ses robustes épaules.

Il ne restait plus dans le bureau que M. Smith, Nicholas et Bob-Lantern.

— Que fais-tu là? dit M. Smith à ce dernier.

— J'attends, répondit Bob, Son Honneur serait bien aise de me voir.

— Toi?...

Bob jeta son regard tout autour de la chambre avec une impertinence pleine de naïveté.

— Il n'y a que moi ici, mon bon monsieur Smith, répliqua-t-il.

— Et que peut te vouloir Son Honneur ?

— Ceci ou cela, mon bon monsieur Smith... peut-être s'informer des nouvelles de ma famille... Une chose certaine, c'est qu'il m'attend.

— Nicholas, dit M. Smith, allez demander à Son Honneur s'il veut recevoir ce drôle.

— Non pas! interrompit Bob ; je suis tout rond, moi, et n'aime point les façons... Demandez tout bonnement à Son Honneur s'il veut causer un petit peu avec le pauvre Bob-Lantern.

L'instant d'après, Bob montait l'escalier tournant qui conduisait au premier étage et mettait ses lourdes semelles crottées sur les tapis d'un beau salon. Il traversa le salon, précédé de Nicholas; il traversa ensuite deux ou trois pièces somptueusement meublées où il eut occasion de faire disparaître une demi-douzaine de menus objets dans les vastes abîmes de sa poche de cuir.

— Ce sera pour Tempérance! pensait-il chaque fois qu'il s'appropriait ainsi quelque chose.

La dernière pièce où il entra était une sorte de grand boudoir donnant sur Cornhill. Auprès de l'une des fenêtres, dont les épais rideaux relevés laissaient pénétrer le pâle soleil des matinées de décembre, notre beau rêveur de Temple-Church, demi-couché sur une bergère de velours, fumait une pipe orientale au long tuyau d'ambre. Il était pâle, défait, et sa pose indiquait cette indolence anormale qui est le résultat d'une nuit de lassitude. Il y avait un large cercle de bistre sous ses grands yeux bleus. Tout, jusqu'à la blancheur presque diaphane de sa main dégantée, dénotait chez lui une maladive fatigue.

Devant lui, un petit nègre, vivant pupitre, soutenait un livre ouvert, aux pages duquel M. Edward jetait de temps en temps son regard distrait.

A ses côtés, sur un fauteuil, il y avait un masque noir et un court pistolet à quadruple canon. Nous avons vu le masque; quant au pistolet, si les assaillans eussent essayé de faire résistance lorsque *Son Honneur* avait descendu l'escalier tournant, nous l'eussions, sans nul doute, entendu placer son mot dans l'entretien.

Au bruit des pas de Bob-Lantern, M. Edward prit instinctivement son masque et s'en couvrit le visage d'un geste rapide, mais il le replaça soudain près de lui.

Bob s'avança le corps en double, saluant gauchement de pas en pas et reculant devant chaque rosace du tapis où il n'osait point poser le pied. M. Edward fit un signe de tête qui renvoya le petit nègre.

— Que veux-tu ? dit-il à Bob.

Celui-ci appela sur sa lèvre mince et hâlée un patelin sourire.

— Je viens, si ça est égal à Votre Honneur, pour lui présenter le bonjour et aussi pour la petite affaire que Votre Honneur sait bien.

Bob cligna de l'œil en prononçant ces derniers mots.

— Je ne sais rien, répondit M. Edward. Tâche de t'expliquer vite et clairement.

— Je vais tâcher, Votre Honneur... Comment ! vous avez oublié déjà Temple-Church et la petite quêteuse ?... Un joli brin de miss, sur mon âme et conscience !

Edward avait oublié, en effet, ou du moins sa pensée était ailleurs ; mais ce peu de mots suffit à lui remettre en mémoire la scène de la veille. Les sensations qu'il avait éprouvées à Temple-Church avaient été si douces et à la fois si vives qu'il en ressentit comme un arrière goût au dedans de lui-même. Il mit la main sur ses yeux, pour rappeler par la pensée ces fugitives images.

— Oui, dit-il, après une ou deux minutes de silence ; — c'est une délicieuse enfant! Que de sainte ferveur il y avait dans son attitude! que d'ignorance dans son regard! que de modestie dans sa voix!—et que d'amour parmi tout cela!

—Le fait est, appuya Bob-Lantern, que c'est,

on peut le dire, une miss fièrement comme il faut !

Edward laissa tomber sa main et regarda Bob-Lantern.

— Je t'avais donné une commission, dit-il.

— Juste! c'est pour ça que j'ai pris l'avantage de venir saluer Votre Honneur... J'ai suivi la demoiselle... les demoiselles, car elles sont deux, — avec une manière de blanc-bec (*boy*) qui fait trois... A propos, il m'a demandé comment qu'on vous nomme?

— Qui?

— Le blanc-bec... Il m'a donné un beau souverain pour ma peine.

— Tu lui as dit?...

— Rien du tout, Votre Honneur, rien du tout... C'est bien payé, pas vrai?

— Et où demeure cette jeune fille?

— Ah! pour ça, Votre Honneur, vous n'aurez pas besoin de prendre un *cab* à l'heure pour lui rendre visite, et je me suis dit tout de suite : c'est comme un fait exprès!...

— Où demeure-t-elle? interrompit Edward avec impatience.

Bob-Lantern renfonça son obséquieux sourire.

— A portée de la main, répondit-il, en face de vous, de l'autre côté de la rue.

Edward, par un mouvement instinctif, tourna vivement la tête et suivit le geste de Bob qui désignait, de l'autre côté de la rue, les fenêtres du second étage. Son mouvement fut si rapide, qu'une ravissante figure de jeune fille, qui se montrait à demi derrière un rideau curieusement soulevé, n'eut pas le temps de se cacher. Edward lui lança un regard où il y avait trois ou quatre déclarations, pour le moins. La jeune fille devint pourpre; ses yeux se fermèrent, — et le rideau tomba.

— C'est elle, dit Edward; je n'ai pu voir ses cheveux; mais c'est elle, j'en suis sûr... Comment sais-tu qu'elle demeure à cet étage?

— Je m'en vas vous dire, répondit Bob. Je ne peux pas frapper aux portes, vu mon uniforme qui n'inspire pas de respect.... Quand les deux misses et leur blanc-bec sont entrés là, je suis resté dans la rue, pas mal penaud comme ça. Puis il m'a poussé une idée. J'ai regardé en l'air : toutes les fenêtres étaient éclairées, excepté celles du second étage, où la lumière s'est allumée au bout de trois minutes... juste le temps que le blanc-bec ait battu le briquet.

Où la logique ne va-t-elle pas se nicher!

M. Edward trouva sans doute l'argument irréprochable, car il fit un signe de tête approbatif.

— C'est bien, dit-il ; prie M. Smith de te payer.

— J'aimerais mieux, si ça vous était égal, répondit Bob-Lantern avec embarras, recevoir ça de la main de Votre Honneur.

— Pourquoi ?

— La vie est durement chère, et...

— Eh bien !

— Et M. Smith va me dire qu'il m'a déjà payé une fois.

M. Edward lui jeta deux souverains et le congédia d'un geste.

Bob-Lantern baisa les pièces d'or comme font les mendians de l'aumône qu'ils reçoivent.

— Que Dieu bénisse Votre Honneur ! dit-il.

En se retirant, il ajouta :

— Quarante malheureux shellings, quand il donne des bank-notes de dix livres aux quêteuses ; ça n'est pas juste... Peut-être bien que le blanc-bec serait plus généreux que ça !... J'ai durement envie de voir...

M. Edward était resté dans sa bergère et regardait toujours la fenêtre aux vitres de laquelle se collaient maintenant les plis discrets d'un rideau. Il rappela vers soi les souvenirs de Temple-Church et tâcha de rebâtir par la pensée ce beau palais de magique poésie où il s'était doucement endormi la veille. Parfois d'importunes idées venaient se jeter à la traverse de son rêve, mais il les repoussait et savourait jalousement les quelques gouttes de mystique poésie qu'il avait laissées au fond de la coupe ; il entendait de nouveau et mieux peut-être que dans la réalité la sacrée mélodie des hymnes pieuses ; il revoyait plus angélique et plus suave, en son cadre de brillans cheveux bruns, le visage de cette belle jeune fille, dont l'apparition avait si bien clos sa rêverie, lorsque, appuyé contre un pilier de l'église du Temple, il donnait son âme entière à des souvenirs de religion, d'amour candide et d'innocence...

Il était si absorbé dans cette laborieuse jouissance de songeur volontaire, qu'il ne vit point le rideau de la fenêtre qui lui faisait face se soulever de nouveau et le beau front de Clary Mac-Farlane montrer pour la seconde fois la moitié de sa courbe gracieuse. La jeune fille abaissa vers lui un de ces regards longs et perçans que Stephen Mac-Nab avait trouvés si étranges la veille au soir à Temple-Church. Son œil couvait, ardent et triste, le beau visage d'Edward, et semblait ne point pouvoir s'en détacher. Clary était plus pâle encore que la veille. Il y avait des traces de larmes sous sa paupière endolorie, et sa joue accusait une longue nuit d'hiver sans sommeil. Pourtant, à mesure qu'elle regardait Edward, toute sa physionomie s'illuminait graduellement ; sa tristesse faisait place à la mélancolie, qui, elle-même, se transformait en austère et spirituel bonheur.

Clary était bien belle ainsi. Son âme chaste,

mais passionnée, brûlait au travers du feu de ses regards. Son sein battait avec force; son haleine tombait, sèche et brûlante, sur le verre dont elle obscurcissait à peine la transparence; sa lèvre devenait blanche et tressaillait en murmurant d'étranges paroles dont sa volonté n'était point complice.

Clary aimait Edward; elle l'aimait de cet amour profond, exalté, délirant, que fomentent la solitude et la pureté quasi claustrale des mœurs, chez ces généreuses natures dont la chaleur propre fermente parmi le repos comme une liqueur gazeuse trop soigneusement séparée du grand air. Loin du monde et suivant, les yeux fermés, le lit tout creusé où s'écoulait obscurément sa vie, elle n'avait nulle occasion de dépenser en des choses utiles ou en des choses frivoles le trop-plein de vigueur engendré par l'exubérante sève de sa jeunesse. Cette vigueur amassée s'additionnait sans cesse avec elle-même et demandait issue.

Clary et sa sœur cadette Anna avaient passé leur enfance à Lochmaben, dont M. Mac-Farlane, leur père, était le principal magistrat. A l'âge où toute jeune fille a le plus grand besoin des caresses et des enseignemens d'une mère, Clary et Anna avaient perdu la leur. M. Fac-Farlane les garda pendant deux ou trois ans auprès de lui. Puis, tout-à-coup, — Clary était alors bien jeune, mais elle se souvenait vaguement, néanmoins,

— la conduite de M. Mac-Farlane changea et s'entoura d'un mystère inusité. Des hommes inconnus prirent accès en sa maison ; il eut avec eux de longues, de fréquentes conférences ; il fit de secrets voyages dont personne ne connut jamais ni le but ni le motif.

Ce fut alors qu'il pria sa sœur, mistress Mac-Nab, que des relations de famille retenaient à Londres, de se charger de ses deux filles. Clary, lorsqu'elle songeait à cet événement, ne pouvait s'empêcher de penser que son père désirait s'affranchir de leur enfantine surveillance, et qu'il avait de mystérieuses raisons pour faire ainsi le vide autour de soi.

Lorsque cette proposition fut faite à la mère de Stephen, elle était veuve depuis peu de temps et restait accablée sous le coup d'une catastrophe terrible qui lui avait ravi son époux. M. Mac-Nab était mort assassiné. Elle accueillit ses nièces avec douceur, mais sans empressement. Cependant, à mesure que sa douleur s'assoupissait, elle appréciait davantage le charmant naturel de ses nièces. Clary et Anna ne se ressemblaient point, mais elles étaient toutes deux également aimables et bonnes. Mistress Mac-Nab se prit pour elles d'une tendresse de mère.

Chaque fois que M. Mac-Farlane venait à Londres, et il faut avouer que ses visites n'étaient point très fréquentes, l'excellente dame tremblait qu'il ne lui vînt désir d'emmener avec lui ses deux filles. Elle avait grand tort de craindre; M. Mac-Farlane, — le laird, comme on l'appelait, — témoignait en revoyant ses filles une joie passionnée, mais sombre, et ne songeait guère à les emmener.

C'était un homme d'un caractère étrange.

Le peu de temps qu'il restait à Londres se passait en courses faites à la hâte et qu'il expliquait en bloc par ce mot qui répond à tout : *affaires*, mot admirable et spécialement inventé pour déjouer toutes les tentatives de la curiosité. A chaque nouveau voyage, Clary et Anna remarquaient avec chagrin le rapide changement qui s'opérait chez leur père. Il devenait vieillard avant l'âge ; à cinquante ans, son front pâle et ridé ne gardait pas une seule mèche de cheveux. — Les deux pauvres filles eussent voulu porter quelque consolation à cette douleur cachée dont les effets se montraient si palpables ; mais M. Mac-Farlane n'aimait point les questions. Clary et Anna, brusquement repoussées, n'insistaient plus et se bornaient à plaindre silencieusement leur père.

Stephen Mac-Nab faisait comme sa mère. Il aimait fort ses cousines. La mort de son père, dont il avait été témoin par hasard, avait d'abord ébranlé violemment ses jeunes facultés. Mais il était encore un enfant alors, et les années remirent son intelligence en son assiette. Seulement, le souvenir de son père mort et celui de l'assassin étaient gravés en traits de sang dans sa mémoire. L'assassin, qu'il n'avait vu qu'un moment, par suite de la chute du masque qui couvrait son visage, ne se présentait pas à lui sous une forme bien arrêtée; mais une circonstance restait, lumineuse et précise au fond de ses souvenirs : c'était un homme grand, robuste, souple; à l'instant où la chute du masque avait découvert ses traits, il frappait; en frappant, ses noirs sourcils se fronçaient et dessinaient en blanc sur son front rougi, la ligne tremblée d'une longue cicatrice. Stephen voyait cela dans la veille comme lorsque le sommeil lui apportait ses songes. Il le voyait et frémissait alors d'un ardent désir de vengeance.

Stephen n'était pourtant rien moins que

romanesque. Élevé à Londres, ce grand centre du monde matériel, ayant passé dix années de sa vie au collége et à l'université d'Oxford, parmi cette population ambitieuse, savante, sceptique, qui étudie pour parvenir et à laquelle l'étude apprend de prime-saut à rejeter toute poétique croyance, Stephen n'avait garde de s'égarer dans les sentiers perdus où l'imagination promène parfois la jeunesse. Il était Ecossais d'ailleurs, c'est-à-dire réfléchi, prudent et fort. Au premier moment, suivant la pente de sa nature et l'exemple de tout ce qui l'entourait, professeurs et camarades, il s'était dépouillé de toute croyance et avait mis son âme à nu; mais ce qui en lui était honnête et bon avait regimbé contre le vide où nageait sa conscience.

Il était redevenu chrétien, parce qu'il était homme de cœur.

A cela n'avaient pas peu contribué ses habitudes d'enfance, les conseils de sa mère et surtout la douce société de ses jolies cousines.

Cet écueil une fois évité, Stephen, au sortir d'Oxford, fut ce qu'il devait être, c'est-à-dire un jeune médecin pourvu d'une instruction suffisante, doué d'un esprit estimable et positif, d'un cœur susceptible d'aimer bien, mais à l'abri de ces passions terribles qui usent ou brisent une vie, et incapable aussi de ces sentimentales tendresses que chantent nos élégiaques modernes, et qui nous semblent à nous, parmi la lourde atmosphère de prose où fonctionnent nos poumons essoufflés, une impossible et charmante chimère.

On a des connaissances à la douzaine qu'on fréquente assidument; on a un ami, un seul, et c'est beaucoup, qu'on ne voit pas une fois tous les mois. Stephen était dans ce cas. Londres lui fournissait ces camarades qui aident à perdre le temps et qu'on oublie avec un sensible plaisir lorsqu'on n'a plus de temps à perdre. Stephen les voyait presque tous les jours, parce que sa profession de médecin lui laissait, hélas ! d'excessifs loisirs.

Mais il avait contracté durant les premières années de son séjour à l'université une liaison plus sérieuse : cette liaison, résistant à la séparation qui suit presque toujours entre jeunes gens de conditions diverses la première entrée dans le monde, était devenue bonne et solide amitié. Stephen et son ancien compagnon d'enfance s'aimaient d'autant plus peut-être que tout chez eux était différent, presque opposé : l'un était, en effet, fils de bourgeois, tandis que l'autre appartenait à la plus haute noblesse d'Angleterre. Le gentilhomme, hautain, énergique, romanesque et mettant son avenir entier dans un amour poussé jusqu'au culte, contrastait avec le *physician*, dont le caractère ne manquait pas de fermeté, dont le cœur possédait cette bravoure commune à tout galant homme, mais qui ne poussait rien à l'extrême et ne pouvait avoir aucune espèce de prétention au titre de héros.

L'ami de Stephen Mac-Nab était Frank Perceval.

La journée de la veille avait été un grand jour pour Stephen. Il avait fait un choix entre ses deux cousines qu'il croyait aimer jusque-là d'une affection égale. Son amour, qui, faute d'obstacles, était resté à l'état latent, venait de se révéler avec une sorte de violence. Cet amour, soudainement reconnu, changeait quelque peu sa manière d'être. Stephen était devenu rêveur depuis la scène de Temple-Church. Il avait soupiré durant toute la nuit comme un jeune rôle de théâtre ; il subissait enfin cette langueur que le premier amour met dans l'âme la moins suspecte de sensiblerie. — Et puis il était jaloux, ce qui dompte vertement les plus fanfarons !

Aussi était-il rentré chez sa mère dans un état de tristesse profonde. Il était invité ce soir-là à un bal du grand monde, au bal de lord James Trevor. Certes, un grand bal est chose attrayante pour un homme de l'âge de Stephen, surtout lorsque ce bal doit lui donner accès dans un monde nouveau, inconnu. Tel était le cas de notre jeune médecin. Né sur la frontière d'Écosse, dans le comté de Dumfries, où lord Trevor possédait de magnifiques propriétés, il recueillait en ceci l'héritage de l'estime qui avait autrefois entouré son père. Lord Trevor, en effet, auquel il avait été présenté depuis peu, l'avait accueilli comme on accueille le fils d'un ami, et s'était rangé de grand cœur parmi les futurs cliens du jeune docteur. Cette clientèle, outre qu'elle flattait Stephen, plus que nous ne saurions dire, lui donnait naturellement entrée à l'hôtel, et il avait reçu une lettre d'invitation qui l'avait fort occupé durant huit grands jours. Pourtant, l'heure étant venue où il fallait revêtir l'habit noir et chausser l'escarpin, Stephen demeura boudeur, dans son fauteuil, vis-à-vis de son feu presque éteint.

A dix heures, mistress Mac-Nab frappa doucement à sa porte.

— Eh bien, mon enfant, dit-elle, tu ne pars pas?

— J'aurais payé chacun de ces regards au prix de six mois de vie! répondit Stephen avec chaleur.

Cette réponse nous donne suffisamment la clé des pensées de Stephen. Il songeait à Clary et à ce détestable inconnu de Temple-Church, si beau, si riche, si dédaigneux !...

— Ne comptes-tu point aller au bal? demanda encore la vieille dame.

— A quoi bon! s'écria Stephen; — qu'irais-je faire parmi cette noblesse orgueilleuse qui se rira de moi ou ne me regardera pas!... Je déteste les nobles, ma mère!

Et il ajouta à part soi :

— Je suis sûr que ce vaniteux donneur de billets de banque est pour le moins un comte !

— Ah ! Stephen, dit mistress Mac-Nab d'un

ton de reproche, tu oublies que ton pauvre père avait l'estime de tous les gentilhommes de notre comté... leur estime et leur amitié, reprit-elle avec un léger mouvement d'orgueil. — Notre famille n'est pas noble, mais elle vaut mieux que la bourgeoisie de Londres, car le clan de Mac-Nab...

— Eh! qu'importe cela, ma mère! interrompit Stephen avec impatience.

Mistress Mac-Nab le regarda étonnée.

— Comme tu me parles, ce soir, mon enfant! dit-elle; il faut que tu aies quelque chose... Quant à ce bal, tu feras ce que tu voudras. Je n'étais pas venue seulement pour t'en parler. Voici une lettre... mais tu n'auras point de plaisir à la lire, car elle est, je crois, d'un bon gentilhomme.

—De Frank! s'écria vivement Stephen dont le front se rasséréna.

— J'ai appris à reconnaître son écriture, mon enfant, parce que ses lettres te donnent de la joie.

Stephen baisa sa mère d'un air qui demandait grâce pour sa mauvaise humeur.

— Il arrive aujourd'hui! dit-il après avoir lu les premières lignes.—Il doit être arrivé!... Pauvre Frank! lui aussi va être bien malheureux!...

— Lui aussi! répéta mistress Mac-Nab. Serais-tu donc malheureux, toi, Stephen?

Celui-ci s'efforça de sourire, et la bonne mère, rassurée, quitta son fils pour aller reposer.

A peine était-elle sortie que deux coups légers furent frappés à la porte et une douce voix de jeune fille, passant par le trou de la serrure, apporta ces mots timidement prononcés :

— Merci, mon petit cousin.

Puis on entendit un pas de gazelle effleurer lestement les marches de l'escalier conduisant aux étages supérieurs.

Il faut savoir que la jolie Anna avait employé depuis huit jours toute son éloquence pour détourner Stephen d'aller au bal de

Trevor-House. Elle aussi avait sa naïve jalousie. Elle comprenait vaguement de combien d'irrésitibles séductions une femme à la mode doit être entourée ; son instinct de femme devinait l'ivresse qui saisit un jeune homme au seuil de ces chaudes salles où les sourires se croisent au milieu d'une atmosphère embaumée, où les regards se cherchent, se provoquent, s'interrogent, se répondent... et elle avait grande frayeur, la pauvre enfant, car elle aimait Stephen tant qu'elle pouvait.

Ce dernier avait brusquement dressé l'oreille et sa tête s'était inclinée vers la porte.

— C'est la voix d'Anna ! murmura-t-il après un silence ; c'est le pas d'Anna. Pauvre douce fille !... Ah! Clary ne viendra pas, elle ! que ui importe que j'aille ou non au bal !...

Il mit sa tête entre ses mains.

— Qu'elle était belle, mon Dieu! reprit-il, et comme ce regard m'eût rendu fier ! Oh ! je l'aime depuis que j'ai peur de n'être pas aimé... Mais quel est donc cet homme? ajouta-t-il avec une violence soudaine ; — où l'a-t-elle pu connaître ! Est-ce bien lui qu'elle regardait ? Et si c'est lui, lui qui nous est étranger, qui n'a jamais passé le seuil de ma mère, que ne peut-on pas croire ?...

FIN DU PREMIER VOLUME.

TABLE.

PREMIÈRE PARTIE.

LES GENTILSHOMMES DE LA NUIT.

I. — Par le brouillard	3
II. — Une quête à Temple-Church	53
III. — L'avénement d'un lion.	103
IV. — Comment l'amour vient en rêvant . . .	133
V. — Le bal	169
VI. — La fille du pendu.	243
VII. — Edward and C°.	273
VIII. — Des deux côtés de la rue.	315

En vente chez les mêmes Éditeurs.

LE DOCTEUR ROUGE

PAR JEAN LAFITTE,

Auteur des Mémoires de Fleury.

3 vol. in-8°. — Prix : 22 fr. 50 c.

LA JEUNESSE

D'ÉRIC MENWED

Roman historique, traduit du danois d'INGEMANN,

PAR W. DUCKETT.

4 vol. in-8°. — Prix : 30 fr.

Imprimerie de BOULÉ et Cⁱᵉ, rue Coq-Héron, 3.

www.ingramcontent.com/pod-product-compliance
Lightning Source LLC
Chambersburg PA
CBHW060054190426
CB00034B/1495